AF145399

DAS BUCH DER ACHTSAMKEIT

Martyn Newman

DAS BUCH
DER ACHTSAMKEIT

Anleitung zu einem achtsameren Leben

MIDAS

Das Buch der Achtsamkeit
Anleitung zu einem achtsameren Leben

1. Auflage

© 2022 Midas Management Verlag AG
ISBN: 978-3-03876-536-3

Die Deutsche Nationalbibliothek verzeichnet diese Publikation
in der Deutschen Nationalbibliografie, detaillierte bibliografische
Daten sind im Internet über http://dnb.de abrufbar.

Übersetzung: Martina Panzer
Lektorat: Kathrin Lichtenberg
Layout: Ulrich Borstelmann
Illustrationen: Sara Taheri
Druck und Bindung: FINIDR

Printed in Europe

The Mindfulness Book, © Martyn Newman | LID Publishing Ltd.
Alle deutschen Rechte vorbehalten.

Midas Management Verlag AG,
Dunantstrasse 3, CH 8044 Zürich
www.midas.ch, kontakt@midas.ch
Social Media: @midasverlag

INHALT

TEIL 4:
ACHTSAM LEBEN **123**

DANKE

Seit mehreren Jahrzehnten berate ich Unternehmen und Privatpersonen auf der ganzen Welt zum Thema Achtsamkeit. Meine Erfahrungen habe ich in diesem Buch für Sie zusammengefasst.

Viele Menschen haben zu meiner Einstellung zu achtsamem Leben und zu den praktischen Erfahrungen beigetragen. Dafür bedanke ich mich bei allen, besonders aber bei Dr. B. Alan Wallace, einem der weltweit führenden Köpfe zum Thema Achtsamkeit. Alan ist mir ein Freund und Kollege, doch vor allem ist er mein Lehrer und Mentor, wenn es um Achtsamkeit und Meditation geht. Ich habe zwar die Sichtweisen und Methoden der westlichen Psychologie in die in diesem Buch beschriebenen Strategien aufgenommen, doch viele Praktiken haben ihren Ursprung in Alans Lehrstunden.

Allerdings wäre dieses Buch ohne Sara Taheri und Miki Mullin vom Verlag LID Publishing nicht entstanden. Vielen Dank für Euer Vertrauen in das Projekt und Eure Geduld mit mir.

Danke auch an das Team bei RocheMartin, das mich im Verlaufe des Projekts unablässig unterstützt hat. Judy Purse, Geraldine Abberton, Bev Stansfield und Bea Lynch haben zahlreiche Überstunden gemacht, um mich vor den Herausforderungen eines wachsenden Unternehmens abzuschirmen und mir Zeit zum Schreiben zu verschaffen.

Und schließlich danke ich meiner Partnerin Suzy Turkovic und unserem kleinen Sohn Sebastian für ihre Liebe. Sie haben mir an vielen langen Wochenenden und in frühen Morgenstunden den Rücken freigehalten, damit ich schreiben konnte.

Sebastian James Newman – dieses Buch ist dir gewidmet.

EINLEITUNG

Die Fähigkeit, seine abschweifende Aufmerksamkeit immer wieder auf den Augenblick zu konzentrieren, ist Ausdruck wahrer Urteilsfähigkeit, Charakterstärke und Willenskraft ... Wer diese Fähigkeit besitzt, hat eine hervorragende Erziehung genossen.
William James, *Principles of Psychology*, 1890

Ende des 19. Jahrhunderts machte der berühmte Psychologe Professor William James eine verblüffende Beobachtung: Die Fähigkeit, uns vollständig zu konzentrieren und unsere Gedanken auf den Augenblick zu fokussieren, ist der Grundpfeiler dafür, dass wir unser Leben kontrollieren und unser gesamtes Potenzial erreichen.

Okay, das ist kaum eine Nobelpreis-verdächtige Erkenntnis. Und man muss auch kein Hellseher sein, um zu wissen, dass wir für einige Aktivitäten absolute Aufmerksamkeit benötigen, um bessere Ergebnisse zu erzielen. Dennoch hat diese einfache Beobachtung mehr als ein Jahrhundert später noch tiefe Auswirkungen auf das Leben von Millionen von Menschen.

Laut James stärkt die Konzentration auf den Augenblick unsere Urteilskraft, Charakterstärke und Willenskraft. Und er warnt: Wer diese Fähigkeit nicht besitzt, kann sich nur schwer selbst beherrschen. James' Kredo lautet, dass die beste Erziehung darin besteht, diese Fähigkeit zu erwerben und auszubauen.

Hierin werden Sie James und mir sicher zustimmen. Überlegen Sie nur einmal, wie häufig Sie im Verlauf eines Tages müde, gestresst und reizbar sind. In solchen Momenten findet sich der einzige Zufluchtsort in Tagträumen über die Vergangenheit oder die Zukunft. Springen Sorgen wie ein Tennisball im Kopf herum, ist es fast unmöglich zu entspannen oder abzuschalten. Bei vielen Menschen verschlimmert sich dieser Zustand zum Abend hin und sie sind letztendlich in der Nacht allein mit ihren Grübeleien. Vielleicht kannte der französische Mathematiker Blaise Pascal dieses Dilemma besonders gut, denn er stellte fest: »Das Unglück der Menschen rührt allein daher, dass sie nicht ruhig in einem Zimmer zu bleiben vermögen.«

Zwar war James ein optimistischer Mensch, aber er gab auch zu, dass es »einfacher ist, ein solches Ideal zu definieren, als praktische Anleitungen für seine Umsetzung zu geben.«[1] Es ist also höchst schwierig, die Dinge, auf die wir uns konzentrieren, auch zu kontrollieren. Unsere Gedanken und Gefühle scheinen ein »Eigenleben« zu führen.

Sie haben sicherlich schon einmal ein Buch gelesen, ohne am Ende einer Seite wirklich zu wissen, was dort stand. Sie haben beim Lesen einfach über etwas Anderes nachgedacht. Das ist ganz normal, denn unsere Gedanken werden von unseren Erinnerungen und Tagträumen – nicht zu vergessen von unseren endlosen »To-Do-Listen« – ständig abgelenkt.

So frustrierend das manchmal sein kann, die größeren Herausforderungen unseres Lebens bestehen darin, das emotionale Wirrwarr unerwünschter Gedanken und Gefühle zu bewältigen. Unsere »Gemütsruhe« kann jederzeit gestört werden, sobald wir eine schmerzliche Erinnerung hegen oder von Sorgen und Zukunfts-ängsten erfasst werden. Und selbst wenn wir es schaffen, uns auf den Augenblick zu konzentrieren, reagieren wir mit seismografischer Genauigkeit auf die kleinste Irritation oder Unstimmigkeit, vor allem wenn sie Menschen betrifft, die uns wichtig sind. Die Umstände oder unsere wachsende Müdigkeit aufgrund ständiger Überlastung können uns sehr schnell entmutigen.

Kommt Ihnen all das bekannt vor? Dann sind Sie damit nicht allein. In einer im November 2010 im Magazin *Science* veröffentlichten Studie befragten Wissenschaftler der Harvard University mehr als 2.000 Menschen dazu, was sie im Verlauf des Tages taten, dachten und fühlten, und erfassten die Daten mithilfe von Smartphones.

Die Daten ergaben, dass unsere Gedanken an jedem einzelnen Tag, mit seinen zahlreichen Aktivitäten, zu mehr als 47 Prozent abschweifen. Aber wichtiger ist vielleicht sogar die Erkenntnis, dass wir unglücklicher sind, wenn unsere Gedanken wandern, als wenn wir uns genau auf das konzentrieren, was wir gerade tun. Allein der Titel der Studie spricht Bände: »*A Wandering Mind Is an Unhappy Mind*« (Gedanken auf Abwegen sind unglückliche Gedanken). Die Wissenschaftler fassen zusammen: »Der menschliche Geist ist auf Abwegen und deshalb ist er unglücklich. Die Fähigkeit, über das nachzudenken, was nicht geschieht, ist eine kognitive Errungenschaft, die auf Kosten der Emotionen geht.«

Viele von uns definieren diese emotionalen Kosten als negative Stimmung, psychologischen Stress, zwanghafte Gedanken, Sorgen, Unzufriedenheit und Erschöpfung.

Offenbar war William James seiner Zeit voraus, aber er konnte sich dennoch nicht vorstellen, dass das Thema Achtsamkeit aufgrund seiner einfachen Beobachtung immer mehr ins Rampenlicht geraten und im 21. Jahrhundert als großer wissenschaftlicher Durchbruch gefeiert werden würde, mit dem wir die oben genannten Probleme wirksam bekämpfen können. Und er wusste sicher auch nicht, dass die praktischen Anleitungen zu einem achtsamen Leben bereits mehr als 2.500 Jahre alt sind.

DIE REVOLUTION DER ACHTSAMKEIT

In den letzten Jahren ist das Interesse an Achtsamkeit förmlich explodiert und das Thema findet umfassende Resonanz in den Medien. Das *Time*-Magazin erklärte das Jahr 2014 zum Jahr der »Revolution der Achtsamkeit« und widmete dem Thema zwei Titelseiten. Sie können heute kaum noch eine Zeitschrift oder Zeitung aufschlagen, ohne über die Vorteile eines achtsamen Lebens belehrt zu werden.

Achtsamkeit wurde nicht nur zum Mainstream, sondern erfährt auch großes Interesse in der Wissenschaft – jedes Jahr werden immerhin mehr als 500 durch die Forschergemeinde überprüfte Artikel in wissenschaftlichen Zeitschriften veröffentlicht.

Was also ist Achtsamkeit? Achtsamkeit ist die Fertigkeit, den Dingen, die zu einem bestimmten Zeitpunkt in den Gedanken, im Körper und in der Umgebung geschehen, absolute Aufmerksamkeit zu schenken. Dabei werden sie nicht bewertet, sondern mit Neugier und Offenheit betrachtet. Ich sage »Fertigkeit«, denn Achtsamkeit kann im Laufe der Zeit erlernt und verbessert werden. Mit anderen Worten: Sie können achtsamer werden!

Ich bin davon überzeugt, dass uns die Idee der Achtsamkeit so gut gefällt, weil wir sie intuitiv bereits kennen. Bewusst oder unbewusst waren wir alle schon einmal achtsam: Wenn wir uns in ein Hobby oder eine sportliche Aktivität vertiefen, uns um ein verzweifeltes Kind kümmern oder ein aktuelles Problem bei der Arbeit punktgenau lösen – all diesen Tätigkeiten schenken wir unsere ganze Aufmerksamkeit. Dabei funktionieren wir nicht fremdgesteuert wie ein Autopilot, sondern beobachten, was in genau diesem Augenblick geschieht.

Das Buch der Achtsamkeit beruft sich auf die ursprünglichen Kernideen einer 2.500 Jahre alten Praxis und zeigt Ihnen, wie Sie diese alte Tradition im Lichte der Erkenntnisse der modernen Psychologie interpretieren und anwenden.

Wenn Sie gelassen und konzentriert werden möchten, dann finden Sie in diesem Buch einen einfachen und bewährten Weg.

ÜBERBLICK

Achtsamkeit bedeutet so viel mehr, als sich einfach nur auf die Anforderungen der aktuellen Situation zu konzentrieren. *Das Buch der Achtsamkeit* bietet Ihnen einen verständlichen und genauen Leitfaden, mit dem Sie ein achtsames Leben finden und führen können.

TEIL I – ACHTSAMKEIT – DIE ERKENNTNISSE DER ÖSTLICHEN UND WESTLICHEN WELT

Im ersten Teil werden die Grundlagen der Achtsamkeit beschrieben: wie sie definiert wird, wie sie funktioniert und – vielleicht der wichtigste Aspekt – was sie Ihnen bringt. Viele Menschen verwechseln »Achtsamkeit« mit »Meditation«. Im Grunde ist die Meditation das mentale Training, mit dem sich ein achtsameres Leben führen lässt. Im ersten Teil werden die nötigen Schritte erläutert, mit denen Sie ganz einfache Meditationsübungen praktizieren können. Die positiven Auswirkungen werden Sie sofort erfahren. Sie sollten zwar auch die Theorien zu Achtsamkeit und Meditation kennen, doch Übung ist der beste Lehrer. Daher führe ich Sie durch eine Reihe kurzer Übungen, anhand derer Sie selbst erfahren, wie Achtsamkeit funktioniert.

Zwar kam der Philosoph und Psychologe William James bereits im 19. Jahrhundert zu der Erkenntnis, dass Achtsamkeit Urteilskraft, Charakterstärke und Entscheidungsfähigkeit verbessert, doch die Datenbasis, die die Vorteile eines achtsamen Lebens stützt, wächst kontinuierlich. In diesem Kapitel schauen wir uns einige repräsentative wissenschaftliche Studien an, die bestätigen, dass Achtsamkeit und Meditation auch zahlreiche durch Stress ausgelöste Erkrankungen lindern und uns zu höherer Konzentration und besserer Aufmerksamkeit verhelfen können, sodass wir einen harmonischeren Geist und allgemeines Wohlbefinden entwickeln.

TEIL II – DIE PSYCHOLOGIE DER ACHTSAMKEIT

Im ersten Teil haben Sie die ersten Achtsamkeitsübungen kennengelernt, die eine psychologische Grundlage für mehr Harmonie und Ruhe schaffen. Die Ziele der Achtsamkeit überschneiden sich mit denen der kognitiven Psychologie. Daher werden in diesem Teil die Grundideen der Achtsamkeit und deren Beziehung zur kognitiven Psychologie behandelt. Dabei werden wir vor allem auf praktische psychologische Strategien eingehen, mit denen Sie durch Achtsamkeit mehr Selbstbewusstsein und bewusste Kontrolle über Ihr Verhalten und Ihren Körper erlangen.

Mit den Übungen aus dem ersten Teil haben Sie gelernt, Ihren Atem wahrzunehmen, und kennen die Gedanken und Gefühle, die Sie zu dem Menschen machen, der Sie sind. Das wirft die sehr interessante Frage auf: Welcher Teil von Ihnen ist für diese Wahrnehmung zuständig?

In der klassischen Tradition entwickeln wir beim Üben von Achtsamkeit eine weitere Fertigkeit, die sogenannte »Introspektion« oder »Selbstbeobachtung«. Damit sind wir in der Lage, unsere Achtsamkeitsübungen zu beobachten – »Praktiziere ich richtig oder nicht?« – und so den gesamten Prozess in gewisser Weise selbst zu überwachen und weiter zu verbessern.

Einer der wichtigsten Vorteile eines achtsamen Lebens besteht darin, dass Sie so Ihren Autopiloten ausschalten und die Welt aufmerksamer wahrnehmen. Wenn Sie die Fähigkeit entwickeln, bewusst im Augenblick zu leben, erleben Sie die »Kraft des Augenblicks« und erzielen mehr Harmonie, Ruhe und Klarheit, verlieren das zwanghafte Gefühl, sofort reagieren zu müssen, und sind wacher gegenüber dem, was um Sie herum geschieht.

Indem Sie aufhören, mit dem Leben – seinen angenehmen und unangenehmen Seiten – zu kämpfen, erleben Sie es mit größerer Leichtigkeit. Daher stellen wir uns im zweiten Teil auch eine wichtige Frage: »Leben Sie Ihr Leben so, wie Sie es jetzt gerade leben möchten?«

Und auch wenn Sie Ihre persönlichen Erfahrungen wertfrei wahrnehmen, bedeutet das nicht, dass Sie sie geistlos, also ohne Intelligenz erleben. Achtsamkeit und Introspektion sind Ausdruck Ihrer Intelligenz, denn sie helfen Ihnen, klüger und urteilsfähiger darauf zu schauen, wie und wohin Sie Ihre Aufmerksamkeit lenken und wie Sie sich – gemäß Ihren eigenen Werten – verhalten.

TEIL III – VIER ANWENDUNGEN FÜR ACHTSAMKEIT

Das achtsame Leben ist für die meisten Menschen so erstrebenswert, weil es Stress nachweislich reduziert. Doch Achtsamkeit kann noch viel mehr. Im dritten Teil erkunden wir vier Anwendungen für Achtsamkeit auf der Grundlage ihrer ursprünglichen Tradition.

Achtsamkeitsübungen beginnen fast immer damit, dass wir unsere Aufmerksamkeit auf den Körper und unsere unmittelbare Erfahrung mit der physischen Umgebung lenken. Sobald Sie die enge

Beziehung zwischen Körper und Geist erkannt haben, lernen Sie, die Ursache-Wirkung-Beziehung zwischen unseren Gedanken, Gefühlen und Handlungen zu unterbrechen. Sie werden Ihren Geist konstruktiver und stärker konzentrieren können, um auf bestimmte Umstände zu *antworten* statt zu *reagieren*. Dies ist die Grundlage für emotionale Intelligenz.

TEIL IV – EIN ACHTSAMES LEBEN FÜHREN

Sie wissen nun, was Achtsamkeit ist und wie Sie sie erlernen und pflegen. In diesem Teil des Buches erfahren Sie, wie Sie mithilfe der Methode eine Vielzahl von Situationen in Ihrem Leben bewältigen. Im vierten Teil betrachten wir die Herausforderungen des Lebens unter dem Gesichtspunkt der Achtsamkeit. Wie bereits erwähnt, ist Achtsamkeit so erstrebenswert, weil sie uns hilft, Stress wirksam zu bewältigen. Sie lernen daher die Mechanismen kennen, die zu Stressreaktionen führen, und erfahren, wie Sie Ihren Körper und Geist schnell mithilfe bestimmter Techniken beruhigen können. Und weil für viele Menschen Stress bei der Arbeit zum Alltag gehört, überlegen wir gemeinsam, wie Sie Herausforderungen am Arbeitsplatz mithilfe von Achtsamkeit meistern und Ihre Leistung und Produktivität verbessern können.

Ich verrate Ihnen, was der Clou der Achtsamkeit ist: Sie ist die optimale mobile Technik! Sie können überall und jederzeit achtsam sein und so wird sie zu Ihrem wertvollen Begleiter. Daher schauen wir uns in diesem Kapitel Tipps und Strategien an, mit denen Sie Achtsamkeit systematisch und nachhaltig anwenden können.

Wir alle stellen uns gelegentlich diese Frage: Warum wachsen manche Menschen über sich hinaus, während andere in ihren selbst auferlegten Einschränkungen gefangen bleiben? In diesem letzten Kapitel wenden wir uns dem kreativen Prozess zu. Sie lernen, wie Sie mithilfe von Achtsamkeit beste Bedingungen für optimale Leistungsfähigkeit schaffen und das Leben nach Ihren Wünschen gestalten.

Wie auch immer Ihre Ziele lauten – einen friedlicheren und fokussierten Geist entwickeln, mehr Wohlbefinden erlangen, bedeutsamere Beziehungen aufbauen, eine ambitionierte Karriere verfolgen oder ein ausgeglicheneres Leben führen – in *Das Buch der Achtsamkeit* finden Sie lang bewährte Erkenntnisse und praktische Strategien, mit denen Ihr Leben friedlicher, produktiver und kreativer wird.

ACHTSAMKEITSÜBUNGEN

Am Ende der einzelnen Kapitel finden Sie in einem farblich unterlegten Kasten praktische Übungen unter der Überschrift *»Die Praxis«*. Hier erhalten Sie weitere Tipps, mit denen Sie Ihr Achtsamkeitstraining verbessern können. Falls Sie Ihre Übungen lieber unter Anleitung praktizieren, können über die Website, www.themindfulnessbook.co.uk zu jedem Kapitel zahlreiche englischsprachige Audiodateien herunterladen. Darüber hinaus hat der deutsche Verlag Links zu Beispiel-Meditationen in deutscher Sprache hinzugefügt.

TEIL EINS

ACHTSAMKEIT –
DIE ERKENNTNISSE
DER ÖSTLICHEN UND
WESTLICHEN WELT

KAPITEL 1

WAS IST ACHTSAMKEIT?

Ziel des Lebens ist es zu leben. Zu leben bedeutet, aufmerksam zu sein – aufmerksam voller Freude, Trunkenheit, Gelassenheit und göttlicher Gnade.

Henry Miller, amerikanischer Schriftsteller, 1891-1980

Achtsamkeit ist eine uralte Lehre, die sich in vielen spirituellen Traditionen wiederfindet. Schon vor mehr als 2.500 Jahren wurde dieses »Mentaltraining« als Technik gelehrt, um einen friedvolleren und konzentrierteren Geist zu entwickeln und tiefere Einblicke in die eigenen Erfahrungen zu erlangen.

Das Wort selbst ist eine Übersetzung des altindischen Wortes *Sati*, in dem sich zwei zentrale Ideen vereinen: zum einen das »Erinnern« oder »Besinnen« und zum anderen die »Übung für den Geist«.

SICH AUF DIE GEGENWART BESINNEN

Sich »besinnen« oder »erinnern« bezieht sich allerdings nicht auf vergangene Ereignisse. Es geht vielmehr darum, bewusst aufmerksam zu sein und zu beobachten, was im Gehirn, im Körper und in der Umgebung im gegenwärtigen Augenblick geschieht. Das hört sich leichter an, als es ist. Schon in der Einführung haben Sie von Studien erfahren, die zeigen, dass die meisten von uns einen Großteil der Zeit im Autopiloten-Modus verbringen und der unmittelbaren Erfahrung nicht unsere ganze Aufmerksamkeit schenken.

In diesem Modus werden unsere Gedanken ständig abgelenkt und von emotional aufgeladenen Erinnerungen, vergangenen Enttäuschungen oder Zukunftsängsten besetzt. Wenn wir Achtsamkeit üben, lernen wir, diesen stets aktiven Autopiloten abzuschalten, unsere Aufmerksamkeit zu lenken und die gegenwärtige Erfahrung bewusst wahrzunehmen.

Und wenn wir uns völlig auf das besinnen, was genau in diesem Moment in Körper und Geist geschieht, kann der Ursache-Wirkung-Strom zwischen unseren Gedanken und unseren Handlungen unterbrochen werden. Damit konzentrieren wir uns, beruhigen unsere Sinne und erzeugen größere Gelassenheit.

EMOTIONALES GLEICHGEWICHT PFLEGEN

Die zweite Idee hinter der ursprünglichen Bedeutung von Achtsamkeit ist die Übung des Geistes. Mit der Zeit erzeugen Sie durch die Konzentration auf den gegenwärtigen Moment mehr Bewusstsein und emotionale Ausgeglichenheit, denn Ihr Geist reagiert weniger empfindlich auf Ablenkungen und Turbulenzen der Gefühle, die Ihren Seelenfrieden stören und Ihre emotionale Energie auffressen – er darf sich einfach ausruhen. Zudem entwickeln Sie eine stärkere Selbstwahrnehmung und Selbstkontrolle und damit mehr emotionale Intelligenz. Doch dazu mehr in Kapitel 14.

DREI MODERNE ERKENNTNISSE[2]

In der westlichen Psychologie lautet die weitgehend akzeptierte Definition von Achtsamkeit so: »Die Aufmerksamkeit bewusst und ohne Bewertung auf den gegenwärtigen Moment richten.«[3] Diese einfache Definition enthält drei wichtige Erkenntnisse.

Zum Ersten geht es bei der Achtsamkeit eher um *Bewusstsein* als um einen *Denkprozess*. Sie sollen sich darauf besinnen, aufmerksam zu sein, und ihre Erfahrungen beobachten, statt sich im Nachdenken über Ihre Erfahrungen zu verheddern.

Natürlich dürfen Sie denken – Denken ist ein wichtiger Teil der Intelligenz. Aber genauso wie ein Fisch sich nicht bewusst ist, im Wasser zu leben, sind wir uns oftmals nicht bewusst, wie sehr unser Geist von unseren Gedanken gefangen ist.

Ihr Gedankenkarussell dreht sich, wie bei den meisten Menschen, ständig – wie ein tropfender Wasserhahn. Jeden Tag (und jede Nacht!) erleben Sie einen endlosen Strom von Gedanken und Gefühlen, von denen einige angsterfüllt und zwanghaft sind und andere einfach nur Ihre Ruhe stören. Wie eine zerkratzte Schallplatte, die sich dreht, aber nicht weiterkommt, kreisen Ihre Gedanken um Vergangenes, kämpfen mit aktuellen Entscheidungen oder sorgen sich um zukünftige Ereignisse. Wenn Sie achtsam leben, entkommen Sie diesen stürmischen Denkprozessen und schaffen sich eine Art psychologischer Beobachtungsplattform. Beobachten Sie Ihre Gedanken und Erfahrungen von diesem Aussichtspunkt aus, werden sich die Wogen glätten und ruhiger werden. Der erste Schritt in Richtung Achtsamkeit besteht also darin, Ihren Geist und Ihren Körper beruhigen.

Zum Zweiten geht es um die psychologische Flexibilität – die Fähigkeit, die Aufmerksamkeit »bewusst« auf alle Ihre Erfahrungen zu richten. Ich erinnere mich noch lebhaft an eine bestimmte Situation, als ich als Psychologiestudent ein Gespräch mit meinem Professor hatte. Plötzlich stürmte sein Chef, der Fachgebietsleiter, in sein Büro und überschüttete ihn mit Vorwürfen. Dieser Auftritt dauerte wenige Minuten, in denen der Chef gar nicht bemerkte, wie unangemessen sein Verhalten war, vor allem in meiner Gegenwart. Abschließend stieß er noch eine Drohung aus, verließ den Raum und schlug die Tür zu. Plötzlich herrschte eine ohrenbetäubende Stille.

Ich war verlegen und unsicher, also stand ich auf, um leise zu gehen. In diesem Moment drehte sich mein Professor zu mir um und sagte mit ruhiger Stimme: »Er hat ein Problem, nicht wahr, Martyn? Also, wo waren wir?« Nie habe ich diese vollkommen emotionslose Reaktion auf diese aus Sicht der meisten Menschen höchst verstörende Situation vergessen. Mehr als seine erstaunliche Gelassenheit hat mich seine Fähigkeit beeindruckt, seine Aufmerksamkeit wieder auf das zu lenken, was ihm in diesem Moment wichtig war – ganz ohne sich ablenken zu lassen. Sofort erkannte ich, wie wichtig es ist, diese Fähigkeit zu üben, doch erst Jahre später verstand ich, dass sie in der östlichen Psychologie als Gleichmut bezeichnet wird und ein wichtiger Grundpfeiler der Achtsamkeit ist.

Achtsamkeit erlaubt es Ihnen also, die Verbindungen zwischen Ihrem Denken, Ihren Gefühlen und Ihrem Verhalten bewusster wahrzunehmen. Als achtsamer Mensch reagieren Sie weniger sensibel auf Ihre Erfahrungen und entwickeln stattdessen eine Reihe von Antworten auf Herausforderungen und Chancen. Sie nehmen außerdem die Erfahrungen anderer Menschen besser wahr und stärken Ihre empathischen Verbindungen. Je achtsamer Sie im Laufe der Zeit werden, desto besser können Sie steuern, wohin Sie Ihre Aufmerksamkeit lenken – eine wertvolle Fertigkeit für mehr psychologische Resilienz und Wohlbefinden.

Zum Dritten lernen Sie, nicht über Ihre Umstände und sich selbst zu urteilen. Das ist wahrscheinlich der schwierigste Teil von Achtsamkeit im Alltag.

Gedanken sind wie ein Objektiv, durch das wir die Welt betrachten. Wir alle neigen dazu, immer dasselbe Objektiv zu verwenden, sodass wir unsere Erfahrungen immer auf die gleiche Weise interpretieren und uns selbst sogar auf die immer gleiche Weise sehen. Bei der Achtsamkeitspraxis lernen wir, uns von unseren Gewohnheiten und Bewertungen zu verabschieden. Wir fühlen uns wohler mit dem, »wer wir sind« und »wie das Leben spielt«.

Das heißt nicht, dass wir passiv resignieren und uns den Umständen ergeben. Stattdessen sollen wir bereit sein, unsere Gedanken und Gefühle genau in diesem Augenblick anzunehmen, ohne sie zu »korrigieren«. Akzeptieren Sie Ihre persönlichen Gedanken und Gefühle, nicht jedoch notwendigerweise die Umstände.

Achtsamkeit befreit Sie von dem Zwang, alles mit »gut«, »schlecht«, »Ich stimme zu«, »Ich stimme nicht zu«, »Ich mag …« oder »Ich mag nicht« bewerten zu müssen. Ihre Sichtweise wird gelöster. Sie entwickeln einen aufgeschlosseneren und weniger kritischen Ansatz zu Ihren Erfahrungen sowie zu sich selbst und anderen Menschen.

Selbst wenn Ihre Erfahrung in diesem Moment schwierig, schmerzlich oder unangenehm ist, können Sie sie offen und interessiert wahrnehmen. Sie müssen nicht vor der Situation weglaufen oder sie vermeiden. Diese Offenheit gegenüber Ihrer Erfahrung sorgt auch dafür, dass Sie Ihre Erfahrungen als Ganzes besser wertschätzen.

Alice Walker beschreibt in ihrem Buch *Die Farbe Lila* eine wunderbare Szene, in der Shug Avery, eine afro-amerikanische Frau in höchst schwierigen Lebensumständen, im Sommer durch eine Wiese läuft und sagt: »Ich denke, Gott wäre ganz schön sauer, wenn einer an der Farbe Lila in einer Wiese vorübergeht und sie nicht bemerkt.«

Diese Gabe, in jedem Augenblick etwas Neues und Schönes zu sehen, gehört zur natürlichen Denkweise von Kindern. Sie werden mit einer natürlichen Neugier geboren, haben zunächst keine Namen für die »Dinge« und verbinden keine vergangenen oder aktuellen Assoziationen damit. Keine Komplikationen vernebeln ihre Wahrnehmung und sie betrachten alles vollkommen unvoreingenommen.

Verstehen Sie mich nicht falsch: Sie sollen nicht auf die geistige Unschuld eines Kindes zurückfallen. Betrachten Sie aber die Dinge achtsam und unvoreingenommen und achten Sie auf Details. Vergessen Sie nicht, über jeden Moment zu staunen und ihn als neue Erfahrung zu erleben.

Ein Höhepunkt der Achtsamkeits-Workshops, die ich für Unternehmenskunden durchführe, ist die »Schokoladen-Meditation«. In dieser Übung bitte ich die Teilnehmer, ein Stück Schokolade oder auch eine Weintraube zu essen und dieses kleine Mahl bewusst so zu genießen, als äßen sie es zum ersten Mal. Damit werden sie daran erinnert, der »gewöhnlichen« Erfahrung im gegenwärtigen Augenblick mehr Aufmerksamkeit zu schenken. Das Ganze wird in der Regel zu einem ziemlich außergewöhnlichen Erlebnis. Versuchen Sie es selbst. Eine Anleitung finden Sie weiter unten im Kasten »Die Praxis« oder in der englischsprachigen MP3-Datei *The Chocolate Meditation*, die Sie unter www.themindfulnessbook. co.uk herunterladen können. Eine deutschsprachige Anleitung finden Sie zum Beispiel auf YouTube unter https://www.youtube. com/watch?v=iiKxEePyF1Y.

DIE PRAXIS

Die Schokoladen-Meditation

Nimm eine Tafel Schokolade, öffne die Verpackung und brich ein Stück ab. Halte die Schokolade fest, schaue sie dir genau an, achte auf die Form, die Farbe, die Konturen, das Gewicht.

Wie leicht sie in deiner Hand liegt … Fühle die seidige Textur an deinen Fingern. Rieche daran … inhaliere den Duft. Und nun hebe die Schokolade an deinen Mund und drücke sie an deine Lippen. Warte einen Moment, bevor du sie in den Mund steckst.

Schließe deine Augen, um noch besser fühlen zu können ... und spüre, wie dringend du zubeißen möchtest ... halte die Schokolade aber auf deiner Zunge und lasse sie zerschmelzen ... Achte darauf, wie sehr du sie zerlutschen möchtest.

Erkunde die Schokolade mit deiner Zunge, fühle den Geschmack und die Textur.

Wenn deine Gedanken abschweifen, während die Schokolade schmilzt, nimm das wahr und bringe sie wieder zurück in den Augenblick. Konzentriere dich auf den süßen Geschmack auf deiner Zunge, wo die Schokolade schmilzt.

Nun beiße ganz langsam in den Rest des Schokoladenstücks und achte auf die explodierenden Aromen und die weiche, cremige Konsistenz der Schokolade, die sich nun in deinem Mund ausbreitet.

Wenn die Schokolade ganz zerschmolzen ist, schlucke sie langsam und bewusst herunter und achte auf den süßen Geschmack, der auf deiner Zunge bleibt.

Wiederhole nun diese Übung mit einem weiteren Stück Schokolade in deinem eigenen Tempo.

KAPITEL 2

ACHTSAMKEIT ODER MEDITATION?

Schaue nach innen. Innen befindet sich die Quelle des Guten. Sie wird nie versiegen, wenn du immer weiter danach bohrst.
Mark Aurel, Römischer Kaiser, 161–180

Die erste Lektion für ein achtsames Leben lautet also: Lenken Sie Ihre Aufmerksamkeit ganz bewusst auf den gegenwärtigen Moment und schalten Sie den Autopiloten-Modus in Ihrem Leben ab. Dazu müssen Sie sich selbst beobachten und nachhaltig konzentrieren können. Diese Fertigkeiten lassen sich im Laufe der Zeit und mit einiger Übung erlernen und verbessern. Hier kommt die Meditation ins Spiel.

Viele Menschen verwechseln die Begriffe »Achtsamkeit« und »Meditation« und verwenden sie synonym oder kombinieren sie, etwa zu »achtsamer Meditation«. Allerdings wird in den Medien das Wort »Meditation« im Zusammenhang mit dem Thema Achtsamkeit gern vermieden. Meist geschieht dies aus Unwissenheit oder Sorge, weil Meditation lange Zeit in einem religiösen Kontext gesehen wurde wie z. B. im Buddhismus oder anderen östlichen Glaubensgemeinschaften. Der Begriff Achtsamkeit trägt diesen religiösen Stempel nicht und wird daher im Westen eher akzeptiert.

Dennoch haben sowohl Achtsamkeit als auch Meditation tiefe Wurzeln, die älter sind als der Buddhismus, und werden seit Tausenden von Jahren praktiziert. Als Techniken der Geistesübung sind sie nicht durch religiöse oder philosophische Ideen bestimmt. Ich bin jedoch davon überzeugt, dass die Wertschätzung ihrer Ursprünge und der Beziehung dieser beiden Praktiken zueinander hilft, sie besser zu verstehen.

MEDITATION ODER ACHTSAMKEIT?

Das Wort »Meditation« ist eine Übersetzung des alten indischen Wortes »*bhavana*«, das »Kultivierung, Anbau, Pflege« bedeutet. Während Achtsamkeit heißt, dem gegenwärtigen Moment Aufmerksamkeit zu schenken, ist Meditation das Training, bei dem wir lernen, Achtsamkeit zu pflegen.

Es gibt viele unterschiedliche Meditationspraktiken, aber laut der tibetischen Tradition unterteilen sie sich in zwei Gruppen. Die erste ist die »stabilisierende« Meditation (Sanskrit: *shamata*), mit der wir ruhiges und friedvolles Verweilen üben. Mit dieser Meditationstechnik lässt sich Konzentration erzielen, der unruhige Geist beruhigen und Stress mindern. Dabei wird der Geist auf ein Meditationsobjekt etwa den Atem gerichtet, wo er für einen bestimmten Zeitraum verweilen soll. In diesem Sinne ist Meditation eine Form der Achtsamkeit. So lautet die Definition eines der bekanntesten Achtsamkeitslehrers der Welt, Alan Wallace: »Achtsamkeit ist die Grundlage für alle Arten der Meditation.«[4]

Die zweite Meditationsart ist die »analytische« Meditation (Sanskrit: *vipashyana*). Hier entwickeln Sie Einsicht und Vertrautheit mit dem eigenen Geist und Verhalten. Wenn Sie Ihren Geist zur Ruhe bringen und Ihre Gedanken, Ihre Gefühle und Ihr Verhalten sachlicher beobachten, können Sie die Ursachen und Konsequenzen Ihrer Erfahrungen klarer erkennen.

Selbstverständlich ergänzen die beiden Meditationsansätze – stabilisierend und analytisch – einander und können auch kombiniert werden. Und obwohl Achtsamkeit traditionell mit analytischer Meditation geübt wird, ist auch die Fähigkeit der sachlichen Betrachtung wichtig, die mit der stabilisierenden Meditation erlangt wird. Mit einer Übung, bei der Sie Ihre Aufmerksamkeit auf ein Objekt wie etwa den Atem oder ein mentales Bild lenken und dort eine Zeit lang fest verankern, legen Sie die Grundlage für mehr Achtsamkeit. Ein Beispiel soll das verdeutlichen.

DER WANDERNDE ELEFANT UND DAS SEIL

Im alten Indien wurde der Geist zuweilen mit einem wilden, ungezähmten Elefanten verglichen, der durch das Land zog. Ein wandernder, wilder Elefant war für die Dörfer eine Bedrohung, weshalb man versuchte, ihn einzufangen und zu zähmen. Die Analogie liegt auf der Hand: Ein wandernder, ungebändigter Geist kann erheblichen Schaden anrichten und unseren Seelenfrieden und unser Glück bedrohen.

Meditation wurde daher mit dem Zähmen eines Elefanten verglichen. So wie der Elefant mit einem Seil an einen Pflock im Boden angebunden wird, um ihn zu zähmen, wird der Geist geschult, indem er an ein festes Objekt wie den Atem oder einen bestimmten Ton oder ein Bild »angebunden« wird. Und was braucht man, um den Geist an das Objekt anzubinden? Das Seil der Achtsamkeit, das uns immer zu dem Objekt zurückholt.

Mit anderen Worten: Bei der Meditation konzentrieren wir uns ausschließlich auf ein Objekt. Sobald wir bemerken, dass unsere Aufmerksamkeit nachlässt, lenken wir sie wieder zum Objekt zurück. Früher oder später hört der Geist auf zu wandern und beruhigt sich. Der Elefant setzt sich mithilfe dieser Übung irgendwann hin und unser Geist empfindet mehr Ruhe, Klarheit und Wohlbefinden.

DER SCHLUSS DER GESCHICHTE

Der Elefantenbändiger hat übrigens einen eisernen Haken, mit dem er den Elefanten anstupst, sobald er weglaufen möchte. Dieser Haken entspricht einem Werkzeug, das in der Achtsamkeitslehre als »Introspektion« oder »Selbstbetrachtung« (Sanskrit: *sampajanna*) bezeichnet wird. Wir werden uns dieses Werkzeug in Kapitel 7 näher anschauen.

Wenn Sie beispielsweise versuchen, sich auf Ihren Atem zu konzentrieren, ist die Selbstbetrachtung der Moment, in dem Sie feststellen, dass Ihr Geist abgelenkt ist und sich nicht mehr auf den Atem konzentriert. Auch in der westlichen Psychologie wird diese Fähigkeit untersucht. Der Fachbegriff dafür lautet »Metakognition«, was bedeutet, dass man über die eigenen Denkprozesse und Entscheidungen nachdenkt. Sie funktioniert wie ein Mechanismus zur Qualitätskontrolle, der Ihnen kontinuierlich Rückmeldung dazu gibt, wie gut Sie sich auf eine Sache konzentrieren. »*Konzentriere ich mich noch auf meinen Atem? Denke ich daran, meinen Körper zu entspannen? Nehme ich die Stille um mich herum wahr?*«

ZUSAMMENFASSUNG

Ziel dieser Art von Meditation ist es, den Körper zu entspannen und einen ruhigen, friedlichen Geisteszustand zu erreichen, bei dem Sie sich über längere Zeiträume konzentrieren können, ohne abgelenkt zu werden. Dabei lernen Sie nicht nur, sich zu fokussieren, sondern gleichzeitig reduziert sich mentales »Geschnatter«, emotionales Wirrwarr und Stress.

Bei regelmäßiger Meditation – und sei es nur für wenige Minuten am Tag – werden Sie achtsamer. Wenn Sie sich selbst darin trainieren, die Aufmerksamkeit auf Ihren Atem zu lenken, entwickeln Sie eine Fertigkeit, die sich auf Ihr ganzes Leben auswirkt. Denn Sie lernen zum Beispiel auch, sich mehr auf die Person zu konzentrieren, mit der Sie gerade sprechen, eine Mahlzeit oder eine Tasse Kaffee zu genießen oder – wie im vorherigen Kapitel beschrieben – Schokolade bewusst zu essen.

Als klinischer Psychologe ist mir sehr bewusst, wie wichtig Wohlbefinden und emotionale Ausgeglichenheit sind. Ein Geist, der sehr anfällig für Ablenkungen ist, reagiert auch wie ein Seismograf auf negative und stressige Gefühlslagen. Mithilfe von Meditation lernen Sie unter anderem, sich außergewöhnlich gut zu konzentrieren sowie wachsam und aufmerksam zu sein.

Soweit die Theorie. Nun sind Sie dran: Praktizieren Sie Meditation. Sie können mit der folgenden kurzen Übung beginnen. Eine Anleitung dazu finden weiter unten im Kasten »Die Praxis« oder in der englischsprachigen MP3-Datei *One-Minute Meditation*, die Sie unter www.themindfulnessbook.co.uk herunterladen können.

Eine deutsche Anleitung finden Sie zum Beispiel auf YouTube unter https://www.youtube.com/watch?v=aW9uspDtU2w.

DIE PRAXIS

Einminütige Meditation

Beginne mit einer kurzen Meditationsübung, die nur eine Minute dauert.

Nimm eine für dich bequeme Position ein. Du kannst auf einem Stuhl sitzen oder im Schneidersitz auf einem Kissen. Finde eine bequeme Position und halte den Rücken gerade.

Entspanne deine Schultern und lege deine Hände ganz locker in deinen Schoß. Schließe deine Augen oder wende deinen Blick nach innen. Schaue nichts mehr an.

Entspanne deinen Körper und deinen Geist – nur für eine Minute.

Lass dein Bewusstsein in deinen Körper sinken. Nimm einfach wahr, was du in deinem Körper empfindest. Entspanne alle Muskeln und lass sie einfach locker werden.

Nimm deinen Atem wahr. Wie fühlt er sich an? Lass deinen Atem einfach fließen. Lass deinen Körper atmen. Dein Atem findet seinen ganz natürlichen Rhythmus.

Bei jedem Ausatmen entspannst du dich. Alle Spannung und Enge fließt beim Ausatmen aus deinem Körper heraus. Entspanne dich mit jedem Atemzug etwas mehr und fühle dich immer besser.

Vielleicht stellst du nach einer Weile fest, dass du an etwas anderes denkst. Das ist ganz normal. Entspanne dich einfach wieder, lass den Gedanken oder das Bild vorbeilaufen und lenke deine Aufmerksamkeit vorsichtig wieder auf deinen Atem.

Öffne nun langsam deine Augen und nimm deine Umgebung wahr. Wie fühlst du dich jetzt?

KAPITEL 3

ANLEITUNG ZUR MEDITATION

Das Unglück der Menschen rührt allein daher, dass sie nicht ruhig in einem Zimmer zu bleiben vermögen.

Blaise Pascal, französischer Mathematiker und Philosoph

Im vorigen Kapitel haben wir erfahren, dass Meditation der »Trainingsplatz« ist, auf dem wir mehr Achtsamkeit üben können. In diesem Kapitel lernen Sie, wie Sie die wahrscheinlich bekannteste Meditation der Welt praktizieren: die Atemmeditation.

Wahrscheinlich geht es Ihnen wie den meisten Menschen: Sie sind sehr beschäftigt und müssen sich rund um Familie und Arbeit um sehr viele Dinge kümmern. Damit wird es zu einer Herausforderung, einige Minuten innezuhalten und Ihre Aufmerksamkeit nach innen zu lenken. Aber die meisten von uns sind nicht nur sehr beschäftigt, sondern haben ein weiteres Problem, das Blaise Pascal so beschrieb: »Das Unglück der Menschen rührt allein daher, dass sie nicht ruhig in einem Zimmer zu bleiben vermögen.« Ich würde nicht ganz so weit gehen wie Pascal, aber eines ist richtig: Für viele Menschen ist es eine Qual, eine Zeit lang in einem stillen Zimmer zu sitzen, ohne unruhig zu werden oder sich zu langweilen.

Wir sind so abhängig von äußeren Reizen, dass es uns häufig nicht angenehm ist, uns nur mit uns selbst zu beschäftigen. Daher sorgen wir mit unterschiedlichen Mitteln dafür, Anreize zu schaffen und uns abzulenken.

DAS MOTIV

Bevor Sie mit Meditation und der Pflege von Achtsamkeit beginnen, sollten Sie erst einmal überlegen, was Ihre Motivation ist. Was möchten Sie mit der Praxis erreichen? Führen Sie nun keine erhabenen oder gar noblen Gründe an, sondern seien Sie bitte ehrlich zu sich selbst. Vielleicht ist es ganz einfach und Sie möchten sich nur besser konzentrieren können. Oder Sie haben eine schwierige Beziehung zu einem Menschen und möchten selbst gelassener werden. Oder vielleicht möchten Sie weniger empfindlich auf Stress reagieren und Ihre Resilienz bei der Arbeit verbessern.

Mit der Zeit werden Sie feststellen, dass Sie weniger auf sich selbst achten als darauf, wie sich Ihre Achtsamkeitsübungen positiv auf andere auswirken. Auf diesen Punkt werden wir in Kapitel 10 näher eingehen. So viel sei hier bereits verraten: Zu einem achtsamen Leben gehört, dass Sie mit sich selbst und, sofern möglich, mit anderen im Reinen sind. Als achtsamer Mensch betrachten Sie sich selbst mit Wertschätzung. Wie jede lohnenswerte Fertigkeit verlangt dies Mühe und Durchhaltevermögen. Für Achtsamkeit und Meditation gilt dies ganz besonders, denn diese Techniken widersprechen im Grunde all Ihren früheren Überzeugungen und Prägungen.

MEDITATION IN DREI EINFACHEN SCHRITTEN

Damit Sie schnell mit dem Üben beginnen können, habe ich Ihnen im Folgenden drei Schritte aufgeführt. Im Kasten »Die Praxis« am Ende des Kapitels finden Sie dann wieder eine schrittweise Anleitung. Alternativ können Sie die Website www.themindfulnessbook.co.uk besuchen und die englischsprachige MP3-Datei mit der angeleiteten Meditation *Mindfulness of Breathing – Short Practice* herunterladen. Eine deutschsprachige Anleitung finden Sie zum Beispiel auf YouTube unter https://www.youtube.com/watch?v=Xa3GBOjfT3I.

DER ANFANG

Suchen Sie sich einen ruhigen, abgeschiedenen Platz, an dem Sie einige Minuten lang ungestört sind, und überlegen Sie sich, wie lange Sie meditieren möchten.

Ich empfehle Ihnen, mindestens drei bis sechs Minuten einzuplanen, um die nächsten drei Schritte durchzuführen.

Eine einfache Meditation ist wirklich unglaublich simpel. Damit Sie sich den Ablauf besser merken können, habe ich ihn in drei Schritte unterteilt.

SCHRITT 1: ENTSPANNEN

Zuerst entspannen Sie Ihren Körper. Vorzugsweise sollten Sie bei der Meditation auf einem Stuhl oder Kissen sitzen, aber Sie können sich auch auf den Rücken legen, wenn Ihnen das lieber ist. Auf jeden Fall sollten Ihr Rücken gerade sein und die Schultern herunterhängen. Finden Sie eine bequeme Position für Ihren Kopf und beugen Sie ihn leicht nach vorn. Damit wird der Nacken entlastet, vor allem wenn Sie sitzen. Schließen Sie Ihre Augen oder lassen Sie sie teilweise geöffnet. Entspannen Sie die Muskeln in Ihrem Gesicht. Legen Sie Ihre Hände locker in den Schoß oder, wenn Sie liegen, neben Ihren Körper.

Vielen Menschen gefällt das Meditieren besonders, weil Sie so schön dabei entspannen. Dabei ist das nicht das eigentliche Ziel einer Meditationsübung. Die Entspannung des Körpers ist lediglich der Türöffner für einen ruhigen und gelassenen Geist. Die Entspannung des Körpers führt damit direkt zur Achtsamkeit.

Lenken Sie Ihre Aufmerksamkeit nun einfach auf das, was Ihr Körper empfindet. Wie fühlt sich Ihr Nacken an? Ihre Schultern, Ihr Rücken? Wandern Sie durch den ganzen Körper. Immer wenn Sie an eine Stelle kommen, die angespannt ist, entspannen Sie und lassen Sie Ihren Körper eine bequeme und leicht zu haltende Position finden.

SCHRITT 2: DEN ATEM STABILISIEREN

Vielen Menschen hilft es, an dieser Stelle drei tiefe und langsame Atemzüge zu nehmen. Achten Sie darauf, dass Sie mit jedem Atemzug nicht nur entspannen, sondern alle ablenkenden Gedanken und Gefühle vorübergehen lassen.

Atmen Sie bewusst. Lassen Sie Ihren Atem zunächst einfach fließen. Beobachten Sie einige Sekunden, wie Sie ein- und ausatmen und wie der Atem durch Ihren Körper fließt. Achten Sie darauf, wie sich Ihre Bauchdecke beim Einatmen hebt und beim Ausatmen wieder senkt.

Nach etwa einer Minute beobachten Sie, wie Ihr Atem langsamer und vielleicht auch länger und tiefer wird. Im nächsten Kapitel erkläre ich genauer, warum das so ist. Doch jetzt konzentrieren wir uns nur darauf zu beobachten, wie der Atem ganz von allein fließt.

Atmen Sie vollständig ein und vollständig wieder aus und bleiben Sie möglichst ruhig sitzen, damit der Atem mühelos fließen kann.

SCHRITT 3: DEN GEIST FOKUSSIEREN

Nun richten Sie Ihre Aufmerksamkeit ganz bewusst darauf, wie Ihr Atem in den Körper strömt. Sie nehmen wahr, wie sich die Bauchdecke hebt und senkt. Vielleicht verspüren Sie eine leichte Dehnung, wenn sich die Bauchdecke hebt? Spüren Sie diese Empfindungen ganz bewusst.

Vielleicht stellen Sie nach einer Weile fest, dass Ihr Geist abschweift. Das ist ganz normal. Die meisten Menschen lassen sich während der ersten mentalen Meditationsübungen von ihren Gedanken ablenken – im Kopf geht es wirklich hoch her! Dieser Zustand wird als Aufregung oder allgemeine Erregung bezeichnet – und das kennt wirklich jeder von uns. Sobald Sie das bemerken, denken Sie als Erstes einfach daran zu entspannen. Lassen Sie den Gedanken oder das Bild sanft vorbeilaufen und lenken Sie Ihre Aufmerksamkeit wieder darauf, wie der Atem in den Bauchraum strömt.

Einige Menschen – ich meine hier vor allem die Geschäftsleute, mit denen ich zu tun habe – sind so müde, dass Sie keine Ablenkung durch Aufregung oder allgemeine Erregung verspüren. Sie können sich einfach nicht mehr konzentrieren und fühlen sich träge und matt und schlafen fast ein. Auch das ist ganz normal, vor allem, wenn Sie sehr müde sind. Sobald Sie bemerken, dass Sie sich nicht mehr vollständig und scharf konzentrieren können, richten Sie sich auf, atmen Sie tief ein und lenken Sie Ihren Fokus wieder auf den Atem. Dadurch wird das sympathische Nervensystem aktiviert, das für erhöhte Aufmerksamkeit sorgt.

Schließen Sie die Übung ab, indem Sie drei lange, langsame und tiefe Atemzüge nehmen. Atmen Sie durch die Nase, lassen Sie den Atem tief in Ihren Bauch fließen. Der Bauch füllt sich und die Brust wird weit. Atmen Sie dann wieder aus und lassen den Atmen ohne Anstrengung aus dem Körper herausfließen. Nehmen Sie alles, was Sie dabei im Körper fühlen, achtsam wahr.

Öffnen Sie nun langsam die Augen und nehmen Sie Ihre Umgebung wahr. Spüren Sie, wie Sie sich fühlen.

AUF EINEN BLICK

Jeder Mensch empfindet und erlebt die erste Meditationsübung anders. Für manche Menschen ist sie entspannend und sie werden sofort ruhig. Andere finden es schwer, den Geist zu beruhigen. Sie sind aufgeregt oder abgelenkt. Wieder andere werden einfach müde. Welche Erfahrungen auch immer Sie machen: Wichtig ist, dass Sie weiter üben. »Bestrafen« Sie sich nicht, weil Sie auch nach mehrfachem Üben noch eine allgemeine Erregung verspüren. Wenn Sie regelmäßig kurz üben und sich dabei auf die Entspannung konzentrieren, werden Sie auf jeden Fall lernen, ruhig zu werden, und Ihre Gedanken werden zur Ruhe kommen. Wenn Sie schnell schläfrig werden, versuchen Sie, zu einer anderen Tageszeit zu praktizieren. Viele Menschen haben nach dem Aufwachen einen frischeren Geist und lassen sich weniger leicht ablenken.

Im nächsten Kapitel stelle ich Ihnen weitere Techniken vor, mit denen Sie Ihre Sinne noch besser fokussieren und Ihre Erfahrungen vertiefen können.

Soweit die Theorie. Nun sind Sie dran: Praktizieren Sie Meditation. Sie können mit der folgenden kurzen Übung beginnen. Eine Anleitung dazu finden weiter unten im Kasten »Die Praxis« oder in der englischsprachigen MP3-Datei *One-Minute Meditation*, die Sie unter www.themindfulnessbook.co.uk herunterladen können. Eine deutsche Anleitung finden Sie zum Beispiel auf YouTube unter https://www.youtube.com/watch?v=aW9uspDtU2w.

DIE PRAXIS

Achtsame Atemmeditation – Eine kurze Übung

Wir beginnen mit einer kurzen Atemmeditation.

Nimm eine für dich bequeme Position ein.

Du kannst auf einem Stuhl sitzen oder im Schneidersitz auf einem Kissen. Finde eine bequeme Position und halte den Rücken gerade.

Entspanne deine Schultern und lege deine Hände ganz locker in deinen Schoß. Schließe die Augen oder richte den Blick unfokussiert auf einen Punkt irgendwo vor dir.

Nun kannst du alle Sorge und Verantwortung ablegen. Beschäftige dich einfach mit nichts mehr – als ob du eine schwere Tasche für ein paar Minuten abstellst. Entspanne deinen Körper und beruhige deinen Geist – nur für einige Minuten.

Dein Bewusstsein versinkt ganz in deinem Körper. Nimm einfach wahr, was du in deinem Körper empfindest. Entspanne alle deinen Muskeln und lass sie einfach locker werden.

Nimm deinen Atem wahr. Wie fühlt er sich an? Lass einen Atem fließen. Lass deinen Körper atmen. Atme ohne Anstrengung, ganz gleichmäßig und automatisch – egal ob die Atemzüge schnell oder langsam, lang oder kurz sind.

Dein Atem findet seinen ganz natürlichen Rhythmus.

Bei jedem Ausatmen fließt alle Spannung und Enge aus deinem Körper heraus. Entspanne dich mit jedem Atemzug etwas mehr und fühle dich immer besser.

KAPITEL 4

ACHTSAM ATMEN

Kontrolliere deinen Atmen und niemand kann dir die Ruhe nehmen.

Unbekannter Autor

Im vorigen Kapitel haben Sie eine einfache Meditationspraxis in drei Schritten kennengelernt, mit der Sie Achtsamkeit üben können. Viele Übungen zur Achtsamkeit konzentrieren sich auf den Atem. Damit ist es einfacher, die Gedanken auszuschalten und für später aufzubewahren.

ATMEN SIE UM IHR LEBEN

Der Atem ist als Ruheplatz, Refugium und Ankerplatz für Ihre Aufmerksamkeit immer offen – denn er liegt, im wahrsten Sinne des Wortes, gleich vor Ihrer Nase. Achtsames Atmen ist eine einfache, relativ unkomplizierte und dennoch höchst wirksame Technik zur Schulung des Geistes und zur Pflege der positiven Wirkung von Achtsamkeit. Dafür gibt es drei wichtige Gründe.

Zum Ersten atmen Sie kontinuierlich und automatisch, ohne bewusste Kontrolle, und zwar solange, bis das Atmen eingeschränkt wird oder Ihre Aufmerksamkeit darauf gelenkt wird. So haben Sie Ihren Atem wahrscheinlich gar nicht bewusst wahrgenommen, bis

Sie angefangen haben, diese letzten Worte zu lesen. Den Atem müssen wir nicht überwachen, wenn wir uns nicht bewusst dafür entscheiden. Er kann also eine bewusste oder unbewusste Tätigkeit sein und ist damit ein gutes »Objekt«, um das Bewusstsein zu trainieren.

Zum Zweiten stellt der Atem eine starke Verbindung zwischen Körper und Geist her. Auf der unbewussten Ebene ist das Atmen eine Körperfunktion, die dank des vegetativen Nervensystems automatisch abläuft.

Dieses vegetative oder autonome Nervensystem ist in zwei Bereiche unterteilt: Auf der einen Seite bereitet der sympathische Zweig den Körper auf Notsituationen vor und steigert zum Beispiel Herzschlag und Blutdruck. Auf der anderen Seite bewirkt das parasympathische Nervensystem genau das Gegenteil: Es verlangsamt den Herzschlag und verringert den Blutdruck.

Beim Einatmen stimulieren wir direkt das sympathische und beim Ausatmen das parasympathische Nervensystem. Die beiden Systeme funktionieren in perfekter Balance. Sobald jedoch dieses Gleichgewicht gestört wird, empfinden wir körperliche und emotionale Symptome wie Stress. Wir werden uns dieses interessante Phänomen in Kapitel 15 näher anschauen. Dort stelle ich Ihnen dann auch eine weitere wirksame Technik des achtsamen Atmens vor, die der beste Rettungsanker bei Stress und Angstzuständen ist, den ich kenne. Langfristig können Sie mit dieser Technik den Körper besänftigen und den Geist zur Ruhe bringen, denn sie stellt das Gleichgewicht zwischen diesen beiden Systemen wieder her.

Zum Dritten wird Ihr Atem auch von Ihrem emotionalen Zustand und Ihrer Stimmung beeinflusst. Ihre Gefühle verändern die Art und Weise, wie Sie atmen. Sind Sie aufgeregt, ängstlich oder verärgert, atmen Sie immer schnell und flach. In einer entspannten und ruhigen Gemütsverfassung geht Ihr Atem hingegen langsamer und tiefer. Die gute Nachricht ist: Wenn Sie Ihren Atem verändern, können Sie auch Ihre Gefühle verändern.

Meist nützt es nichts, wenn ich als klinischer Psychologe meinen verzweifelten Patienten sage, sie sollen sich beruhigen. Viel wirksamer ist, ihnen zu helfen, tiefer und regelmäßiger zu atmen. Dieser Tipp zeitigt meist sofortige Wirkung und ihr Gemütszustand beruhigt sich. Und noch besser ist es, wenn sie sich mehr auf die Bauchatmung als auf die Brustatmung konzentrieren.

DEN TOPF VON UNTEN FÜLLEN

Kleine Kinder atmen viel mehr über das Zwerchfell als Erwachsene. Damit dehnt sich eher der Bauch als die Brust aus. Aus unterschiedlichen Gründen wird unser Atem im Laufe der Zeit flacher und wir atmen mehr mithilfe der Brustmuskulatur. Aber damit ist es kaum noch möglich, einen ganzen, vollen Atemzug zu nehmen.

Schon wenn Sie sich beim Atmen auf das Zwerchfell konzentrieren, sodass sich zuerst der Bauch und erst danach die Brust weitet, üben Sie, achtsamer zu atmen. In der asiatischen Tradition wird diese Atemtechnik mit »den Topf von unten füllen« umschrieben. Es braucht schon etwas Übung, damit diese Technik gelingt, und Sie sollten Ihre Hand auf den Bauch legen, um zu spüren, wie sich die Bauchdecke hebt und senkt. Der Effekt: Sie atmen langsamer und tiefer und füllen das gesamte Volumen Ihrer Lungen mit Luft.

Ein so bewusster Atemvorgang kann wie ein Gefühlsbarometer wirken und Ihnen helfen, Ihre Gefühle zu überwachen und zu regulieren. Ihr Atem wird also zu einem emotionalen Anker, mit dem Sie Ihren Gemütszustand kontrollieren.

VON DER KONTROLLE ZUR BETRACHTUNG

Durch die Kontrolle des Atems können Sie Ihren physiologischen und emotionalen Zustand regulieren. Denn achtsam Atmen heißt, dass Sie Ihrem Atem Aufmerksamkeit schenken, also nicht versuchen, seinen Rhythmus zu ändern, ihn zu beschleunigen oder zu verlangsamen, sondern ihn einfach beobachten. Dies ist der erste Schritt und die einfachste Methode, um zur Ruhe zu kommen.

Und es gibt keine Ausrede – Ihren Atem können Sie überall beobachten, zum Beispiel beim Einchecken am Flughafen, beim Autofahren oder wenn Sie irgendwo sitzen und einem Vortrag folgen. Sehen Sie im achtsamen Atmen einfach die Gelegenheit, abzuschalten und sich eine kurze mentale Pause von dem endlosen Fluss der Gedanken und Gefühle zu gönnen, die Ihre Aufmerksamkeit beanspruchen.

Sie haben dies bereits im vorigen Kapitel mit der Meditation in drei Schritten geübt. Wir werden diese nun um einen vierten Schritt ergänzen, in dem Sie Ihre Aufmerksamkeit ungehindert auf den Atem lenken. Dazu fügen wir eine bildhafte Vorstellung hinzu, mit der Sie Ihre Aufmerksamkeit besser fokussieren und insgesamt besser abschalten können. Für viele Menschen ist dies der wichtigste Schritt weg von der Erregung und hin zur Gelassenheit.

Damit Sie sofort üben können, gebe ich im Kasten »Die Praxis« einen kurzen Überblick über die vier Schritte. Wenn Sie diese gelesen haben, können sie die englischsprachige MP3-Datei *Mindfulness of Breathing Meditation – Extended Practice* von der Website herunterladen und unter Anleitung üben. Eine deutschsprachige Anleitung finden zum Beispiel auf YouTube unter https://www.youtube.com/watch?v=sIe9HY5Ie8E.

In den folgenden Kapiteln stelle ich Ihnen weitere Techniken vor, mit denen Sie Ihre Sinne noch besser fokussieren und Ihre Erfahrungen vertiefen können. Im nächsten Kapitel werfen wir aber zunächst einen Blick darauf, welche Vorteile Ihnen die Achtsamkeit aus wissenschaftlicher Sicht bringt.

Soweit zur Theorie. Nun sind Sie dran: Praktizieren Sie Meditation. Sie können mit der Übung beginnen, die im Kasten »Die Praxis« beschrieben ist. Oder Sie laden sich die englischsprachige MP3-Datei *One-Minute Meditation* herunter, die Sie unter www.themindfulnessbook.co.uk finden. Eine deutsche Anleitung finden Sie zum Beispiel auf YouTube unter https://www.youtube.com/watch?v=aW9uspDtU2w.

DIE PRAXIS

Achtsame Atemmeditation –
Erweiterte Praxis (8 bis 10 Minuten)

Der Anfang
Nimm für diese Übung in bequemer Haltung auf einem Stuhl oder Kissen Platz. Halte den Rücken gerade und entspanne deinen Körper. Trage bequeme Kleidung, und falls du gerade Geschäftskleidung tragen musst, lockere Gürtel, Knöpfe, Reißverschlüsse usw., damit deine Taille nicht eingeengt wird und du nicht durch ein vorübergehendes Unwohlsein abgelenkt wirst. Sorge dafür, dass du mindestens 15 Minuten ungestört bist.

Schritt 1: Den Körper entspannen
Wenn du sitzt, lege die Hände auf die Knie oder in den Schoß. Du kannst die Augen schließen oder geöffnet lassen, ganz wie es dir angenehm ist. Spaziere nun gedanklich durch deinen Körper. Fange bei den Füßen an und wandere bis nach oben zum Kopf. Achte darauf, dass alle Körperteile entspannt sind, auch dein Gesicht. Nimm wahr, wie sich dein Körper anfühlt. Wenn du eine Spannung in einem Körperteil bemerkst, entspanne diesen Körperteil.

Schritt 2: Drei Atemzüge nehmen
Wenn dein Körper entspannt ist, nimm drei lange, sanfte Atemzüge. Atme durch die Nase ein und wieder aus. Lass den

Atem zuerst durch den unteren Teil der Lungen strömen und drücke dabei die Bauchdecke nach außen. Entspanne dich bei jedem Ausatmen ein wenig mehr.

Schritt 3: Den Atem beobachten
Lass den Atem nun in seinem natürlichen Rhythmus fließen, ganz ohne Anspannung, und versuche nicht, ihn zu kontrollieren oder zu verändern – atme automatisch, wie im Schlaf. Beobachte, wie der Atem in den Bauch hinein- und wieder herausströmt und konzentriere dich ganz auf dieses Gefühl. Wenn unwillkürlich Gedanken auftauchen, die dich ablenken, bleibe gelassen, lass sie einfach wieder gehen und richte deine Aufmerksamkeit wieder auf den Atem.

Schritt 4: Die Aufmerksamkeit steigern
Nun richte deine Aufmerksamkeit auf die Nasenlöcher oder die Oberlippe. Spüre den Atem an den Nasenlöchern. Vielleicht fühlt sich die Luft beim Einatmen kühl an und beim Ausatmen warm. Spüre diese Empfindung ganz bewusst. Folge ihr, bis du zu Ende ausgeatmet hast, und dann wieder, bis du zu Ende eingeatmet hast.

Du wirst erstaunt sein, wie schwierig es ist, sich auch nur wenige Sekunden voll und ganz auf den Atem zu konzentrieren. Denn deine Gedanken schweifen ganz schnell zu anderen Dingen ab, die es zu tun gilt. Um zu vermeiden, dass du durch deine Gedanken abgelenkt wirst, kannst du deine Atemzüge zählen.

Zähle zu Beginn der ersten Einatmung »Eins«. Achte bewusst auf deine Empfindung beim Ein- und beim Ausatmen. Zu Beginn des nächsten Atemzuges zählst du »Zwei« usw. Dein Ziel ist es, zehn Atemzüge zu schaffen. Fange jedes Mal, wenn du durch einen Gedanken oder eine Erinnerung abgelenkt wirst, wieder bei »Eins« an.

Übe diese Technik mindestens zweimal am Tag einige Minuten lang, bis du dauerhaft zehn Atemzüge ohne Ablenkungen schaffst. Bleibe geduldig und konsequent und beobachte deinen Fortschritt. Es wird vielleicht eine Weile dauern, aber du wirst das Ziel sicher erreichen. Wie fühlst du dich am Ende dieser Übung? Dein Atem hat sich verlangsamt, dein Körper ist entspannter, dein Geist ist ruhiger und du bist bereit, mit friedlicherer Stimmung wieder zu den Aufgaben des Tages zurückzukehren.

KAPITEL 5

DIE VORTEILE DER ACHTSAMKEIT

Die größte Erfindung meiner Generation ist die, dass Menschen ihr Leben verändern können, indem sie ihre Einstellung verändern. Wenn du deine Einstellung änderst, kannst du dein Leben ändern.

William James

Kürzlich habe ich den Film *Ohne Limit* mit Bradley Cooper noch einmal angeschaut. Darin geht es um einen arbeitslosen Schriftsteller, der eine streng geheime Designer-Droge entdeckt, die ihm Superman-Fähigkeiten verleiht. Dank der Droge kann er 100 Prozent seines Gehirns nutzen, sodass er hoch fokussiert, selbstsicherer und zuversichtlicher ist als irgendein anderer lebender Mensch.

Eine verlockende Idee – leider nur Science Fiction. Aber was würden Sie tun, hätten Sie eine Pille, mit der alle Ihre Ängste und Verstimmungen verschwinden würden, Sie Unmengen an Energie hätten, Ihr Gehirn Höchstleistungen vollführte und Sie perfekte Entscheidungen träfen?

Ein Blick in die wissenschaftliche Literatur der letzten 15 Jahre zeigt, dass offenbar ein psychologisches Äquivalent einer solchen Pille existiert – die Achtsamkeit. Natürlich gibt es gute und schlechte wissenschaftliche Quellen, aber die Ergebnisse der Forschung sind trotzdem bemerkenswert.

FUNDIERTE FORSCHUNGSERGEBNISSE

Vor Kurzem habe ich mich mit einem der wichtigsten Autoren zum Thema Achtsamkeit, Richard Davidson, getroffen. Davidson ist Hirnforscher an der University of Wisconsin-Madison. Mit Blick auf die lange Liste wissenschaftlicher Publikationen der letzten 15 Jahre erklärte er: *»Diese Daten sind höchst belastbar«*. Sie alle dokumentieren die Wirksamkeit von Achtsamkeit in der Behandlung psychologischer Erkrankungen wie Depressionen und Angstzuständen, sowie positive körperliche Auswirkungen etwa bei chronischen Schmerzen und stressbedingten Erkrankungen.

Pro Jahr werden etwa 500 Studien zur Wirksamkeit von Achtsamkeit veröffentlicht. Daher lege ich in diesem Kapitel den Schwerpunkt auf die großen Metaanalysen, in denen zahlreiche Studien aus drei Bereichen zusammengefasst werden: Stressmanagement, Aufmerksamkeit und Konzentration sowie Angstmanagement.

WISSENSCHAFTLICHE ERKENNTNISSE

Die Arbeiten von Jon Kabat-Zinn von der University of Massachusetts Medical School haben eine wahre Welle an Forschungsprojekten zur Wirksamkeit von Achtsamkeit aus psychologischer und medizinischer Perspektive ausgelöst. Kabat-Zinn hatte ein ambulantes Programm mit dem Namen »Achtsamkeitsbasierte

Stressreduktion« (Mindfulness-Based Stress Reduction, MBSR) entwickelt.

Das achtwöchige MBSR-Programm arbeitet mit zwei Aspekten der Aufmerksamkeit: zum einen geht es um die Fähigkeit, seine Aufmerksamkeit freiwillig zu *konzentrieren*, zum anderen um die Fähigkeit, die Gedanken, Gefühle und Empfindungen zu *beobachten*, ohne sich von ihnen »einfangen« zu lassen. Diese mentale Beobachtung ist ein Prozess, der auch als »Metakognition« oder »Introspektion« bezeichnet wird. Ich werde darauf in Kapitel 7 näher eingehen. Beide Prozesse zusammen sorgen dafür, dass unser Geist nicht in den Autopiloten-Modus schaltet. Das MBSR-Programm wurde durch zahlreiche positive physische und psychologische Ergebnisse bestätigt.

STRESSBEWÄLTIGUNG

Natürlich kann mäßiger Stress Ihre Leistungsfähigkeit steigern, übermäßiger oder lang andauernder Stress dagegen erhöht das Risiko für eine körperliche oder geistige Erkrankung und kann dazu führen, dass Sie für viele Aufgabe nicht mehr ausreichend leistungsfähig sind. Die meisten Menschen, die regelmäßig Achtsamkeit und Meditation praktizieren, berichten, dass sie sich weniger gestresst und emotional ausgeglichener fühlen.

In welchem Maße wir körperlich oder geistig erregt sind, hängt stark von unserem vegetativen Nervensystem ab, das, wie wir in Kapitel 4 erfahren haben, in zwei Bereiche unterteilt ist. Auf der einen Seite bereitet das sympathische System den Körper auf Notsituationen vor. Es löst den Kampf- oder Fluchtmechanismus aus, der zum Beispiel Herzschlag und Blutdruck steigert. Eine chronische leichte bis mäßige Aktivierung dieses Mechanismus, hervorgerufen durch ständiges »Grübeln« kann dem Körper erheblichen Schaden zufügen. Auf der anderen Seite bewirkt das parasympathische Nervensystem genau das Gegenteil: Es verlangsamt den Herzschlag und verringert den Blutdruck.

Achtsamkeit und Meditation aktivieren das parasympathische System, den Teil des Nervensystems, der für Ruhe und Gelassenheit zuständig und hilfreich für die Stressbewältigung ist. Oft wird dieser Mechanismus als »Entspannungsmechanismus« bezeichnet.

Neurowissenschaftler wie Richard Davidson haben erkannt, dass die Stressreaktion durch die Amygdala ausgelöst wird, den Teil des Gehirns, der für Angst und Sorgen zuständig ist. Eine an der Stanford University durchgeführte Studie zeigte, dass ein achtwöchiges Achtsamkeitstraining die Reaktion der Amygdala reduziert und die Aktivität in Bereichen des präfrontalen Kortex steigert, in dem die Emotionen gesteuert werden, sodass sich Stress reduziert.[5]

In einer der frühen Studien von Davidson und Kabat-Zinn unterzogen sich gestresste Mitarbeiter eines Biotech-Unternehmens einem Achtsamkeitsprogramm. Nach nur acht Wochen Training reduzierte sich das Stress- und Angstlevel der Teilnehmer signifikant.[6] Darüber hinaus ergab eine Metaanalyse von Studien mit nicht-klinischen Teilnehmern, dass MBSR Stress besser reduziert als in den Kontrollbedingungen.[7] Viele aktuelle Daten legen nahe, dass Achtsamkeitsübungen Körper und Geist beruhigen. In Kapitel 15 werde ich die physiologischen und psychologischen Auswirkungen von Stress näher erläutern und Ihnen eine entspannende Atemtechnik vorstellen. Mithilfe dieser Technik steigern Sie die Aktivität des parasympathischen Systems und lernen einen wunderbaren Trick kennen, um Stress und Angstzuständen zu entfliehen.

ANGSTZUSTÄNDE

Ein ganz besonderes Merkmal von Stress sind dauerhafte Angstzustände. Viele beruflich eingespannte Menschen, mit denen ich regelmäßig zu tun habe, beschreiben, dass sie jeden Abend Beklemmungen empfinden und diese nicht abstellen können. Viele suchen Zuflucht im Alkohol oder schauen Fernsehen, um sich abzulenken.

In zahlreichen wissenschaftlichen Studien wurde belegt, dass Meditation ein wirksames Mittel gegen Angstzustände ist. Forscher in den USA analysierten entsprechende Veröffentlichungen. Die Teilnehmer an den Studien reichten von Krebspatienten über Patienten mit Essstörungen bis zu Menschen mit Angststörungen. Es wurden 39 wissenschaftliche Studien mit insgesamt 1.140 Patienten ausgewertet und das Ergebnis war klar: Achtsamkeit reduziert Angstzustände bei zahlreichen Erkrankungen und die durch Achtsamkeit gelernten Fähigkeiten können generalisiert und auf Stresszustände im Allgemeinen angewendet werden.[8]

In einer anderen Studie wurde eine Metaanalyse von 209 Studien mit insgesamt 12.145 Patienten durchgeführt. Es zeigte sich, dass Achtsamkeitstraining »umfassende und klinisch signifikante Auswirkungen auf die Bewältigung von Angstzuständen und Depressionen hat, die auch in der Nachbeobachtung festzustellen waren.«[9]

Es liegt doch auf der Hand: Wenn Achtsamkeit Angstzustände und Depressionen mindern kann, dann kann sie auch das Wohlbefinden verbessern, Optimismus, Empathie, Zusammengehörigkeitsgefühl, Selbstzufriedenheit fördern und die Lebensqualität steigern.[10]

AUFMERKSAMKEIT UND KONZENTRATION

Die Studien haben nicht nur gezeigt, dass Achtsamkeit die Gesundheit fördert, sondern auch die Fähigkeit, sich zu konzentrieren und aufmerksam zu bleiben – alle wichtig, um fundierte Entscheidungen zu treffen und leistungsfähig zu bleiben. Das ist natürlich für Unternehmen interessant, die mit wachsender Komplexität und zunehmendem Druck umgehen müssen. Wen wundert es da, dass globale Konzerne wie Google und Sky unternehmensweit Achtsamkeitstrainings für ihre Mitarbeiter anbieten.

In den letzten beiden Jahren führten wir bei Sky ein Programm zur Förderung emotionaler Intelligenz durch Achtsamkeit mit dem Namen »Better Self« durch. Das vorrangige Ziel dieses Programms ist es jedoch nicht, dass die Teilnehmer lernen, Stress zu bewältigen. Es geht vielmehr darum, dass Führungskräfte lernen, eine leistungsfähige Denkweise zu entwickeln. Die Teilnehmer berichten, dass sie sich ruhiger fühlen, aber auch, dass sie sich besser und länger konzentrieren können, ohne abgelenkt zu werden. Diese Berichte wurden durch eine Reihe zufälliger Tests mit Achtsamkeitsinterventionen unterstützt.[11]

In einer 2012 in den USA durchgeführten Studie wurde untersucht, wie Meditationsübungen das Verhalten der Teilnehmer bei einer Multitasking-Aufgabe beeinflussen. Die Forscher fanden heraus, dass »sich die Personen, die meditieren,« im Vergleich zu Menschen, die nicht meditieren, »länger auf ihre Aufgaben konzentrierten, weniger zwischen den Aufgaben hin- und hersprangen und nach Abschluss der Aufgabe weniger negative Rückmeldungen gaben.«[12] Objektive Messungen zeigen, dass selbst kurze Achtsamkeitsübungen zu besserer kognitiver Leistung wie schnelleren Reaktionszeiten, höheren Punktezahlen, besserem Kurzzeitgedächtnis und fundierteren Entscheidungen führen können.[13]

GÖNNEN SIE SICH EINE VERSCHNAUFPAUSE

In diesem Kapitel haben wir eine große Menge an Daten zusammengefasst, die die Vorteile von Achtsamkeitstraining in nur drei Bereichen stützen. Doch das ist nur der Anfang. Vielleicht mögen Sie – wie ich selbst – die Daten genauer studieren? Einen umfassenden Überblick über Untersuchungen zu den Auswirkungen von Achtsamkeit auf Gesundheit, Bildung, den Arbeitsplatz und das Strafjustizsystem finden Sie im Bericht der britischen Regierung mit dem Titel »Mindful Nation UK«.

Gönnen wir uns jetzt eine Verschnaufpause und beenden wir dieses Kapitel mit einer Achtsamkeitsübung, bei der Sie sich wieder einmal auf Ihren Atem konzentrieren.

Bei der Atemmeditation aus dem letzten Kapitel haben Sie vielleicht bemerkt, dass es gar nicht so einfach ist, sich länger als ein paar Atemzüge auf den Atem zu konzentrieren. Doch wenn Sie jeden Tag ein paar Minuten üben, werden Sie Ihre Aufmerksamkeit immer länger fokussieren können. Für diejenigen unter Ihnen, die noch etwas mehr Unterstützung benötigen, habe ich hier im Kasten »Die Praxis« eine alternative Atemübung aufgeführt, die Ihnen vielleicht besser gefällt.

In der *Meditation in neun Atemzügen* richten wir die Aufmerksamkeit auf das Ein- und Ausatmen über die einzelnen Nasenflügel. Viele Menschen können sich damit besser konzentrieren, weil sie im Grunde etwas mehr »beschäftigt« sind. Sie können sich die Nasenflügel in dieser Übung wie Stützräder an einem Fahrrad vorstellen, mit denen es Ihnen leichter gelingt, die Aufmerksamkeit beim achtsamen Atmen zu stabilisieren. Eine englischsprachige Anleitung hierzu finden Sie unter www.themindfulnessbook. co.uk. Eine deutsche Anleitung zur Meditation in neun Atemzügen finden Sie zum Beispiel unter https://www.ewigeweisheit.de/ meditation-neun-atemz%C3%BCge-tibetisches-tantra.

DIE PRAXIS

Meditation in neun Atemzügen

Entspanne dich und stabilisiere deinen Atem.

Bei dieser Meditation kannst du alle Sorgen und Verantwortung ablegen. Beschäftige dich einfach mit nichts mehr.

Finde eine bequeme Position: Du kannst auf einem Stuhl oder Kissen sitzen oder dich auf eine Matte legen. Halte deine Bauchmuskeln ganz locker, damit du merkst, wie dein Atem bis in den Bauchraum fließt und sich deine Bauchdecke bei jedem Einatmen hebt. Entspanne deine Schultern und lege die Hände bequem in den Schoß oder neben den Körper.

Schließ deine Augen. Falls dir das lieber ist, kannst du sie auch halb geöffnet lassen und einen Punkt vor dir fixieren. Lockere alle Muskeln in deinem Körper und nimm eine bequeme Haltung ein.

Nun richte deine Aufmerksamkeit auf deine Nasenlöcher und achte darauf, wie die Luft ein- und wieder ausströmt. Wie fühlt sich das an? Vielleicht empfindest du beim Einatmen einen kühlen Luftzug, und beim Ausatmen ist die Luft angewärmt?

Entspanne die Gesichtsmuskulatur. Wie fühlt sich das Ein- und Ausatmen an? Lass beim Ausatmen alle Spannung fallen und konzentriere dich bei jedem Zug ganz auf deinen Atem.

Nun atme durch dein linkes Nasenloch ein und durch dein rechtes Nasenloch wieder aus. Atme so dreimal ein und wieder aus. Das ist nicht leicht, wenn du die Nasenflügel nicht zuhältst. Konzentriere dich so gut wie möglich darauf und beginne mit dem linken Nasenloch.

Nun konzentrierst du dich für drei Atemzüge beim Einatmen auf dein rechtes Nasenloch und beim Ausatmen auf dein linkes Nasenloch. Und nun lasse die Luft drei Atemzüge lang durch beide Nasenlöcher ein- und wieder ausströmen.

Wiederhole diese neun Atemzüge in deinem eigenen Tempo. Atme zuerst durch das linke Nasenloch ein. Entspanne dich bei jedem Atemzug. Vielleicht bemerkst du eine kleine Pause am Ende der einzelnen Atemzüge. Wie fühlt es sich an, wenn die Luft durch die Nasenlöcher strömt?

Auf diese Weise schließt du mit jedem Atemzyklus einen vollständigen Meditationszyklus ab. Wenn du bemerkst, dass deine Gedanken von deinem Atem abschweifen und du an andere Dinge oder Bilder denkst, lass diese Gedanken und Bilder einfach vorüberziehen und lenke deine Aufmerksamkeit sanft wieder auf den Atem in deinen Nasenflügeln zurück. Fahre so mit den neun Atemzügen fort. Schenke deinem Atem deine ganze Aufmerksamkeit.

Nun schließen wir die Übung ab. Öffne deine Augen und nimm deine Umgebung behutsam wahr. Wie fühlst du dich jetzt?

Bist du entspannt, ruhig, gelassen?

TEIL ZWEI

DIE
PSYCHOLOGIE
DER
ACHTSAMKEIT

KAPITEL 6

VERLIERE DICH SELBST UND FINDE DICH SELBST

Mit Blick auf unser ganzes Potenzial sind wir erst halb erwacht.

William James

Erkenne dich selbst.

Thales, griechischer Philosoph

Die Ziele der Achtsamkeit überschneiden sich in vielerlei Hinsicht mit denen der kognitiven Psychologie: Beide Ansätze sorgen für mehr Entscheidungsfreiheit, psychologische Flexibilität und emotionale Ausgeglichenheit. Vor diesem Hintergrund überrascht es wenig, dass die traditionelle asiatische Philosophie als Grundlage für Achtsamkeit auch sehr praktische psychologische Tipps enthält.

Was antworten Sie mir, wenn ich Sie frage, wer Sie sind? Vielleicht erzählen Sie mir zuerst von Ihrem Beruf – wie etwa Lehrer, Rechtsanwältin oder Buchhalterin. Doch das ist Ihre Arbeit. Es sagt nichts darüber, wer Sie sind. Was geschieht, wenn Sie Ihren Job wechseln oder verlieren? Damit würde die »Arbeitsidentität« verschwinden. Aber Sie wären ja immer noch da. Über welches »Selbst« erzählen Sie mir also?

Ich bin Psychologe, weshalb Sie mir vielleicht etwas über Ihre Persönlichkeit, Ihre Überzeugungen, Ihren Charakter oder Ihre Werte erzählen. Diese beschreiben mir jedoch Ihr Verhalten oder Ihre Motivationen, sagen mir aber nicht, wer Sie sind, nichts über Ihr »Selbst«. Je mehr Fragen ich Ihnen hier stelle, umso deutlicher wird, wie schwer es ist, eine dauerhafte, unveränderliche Idee über Ihr »Selbst« zu entwickeln.

ICH DENKE, ALSO ... ?

Tatsächlich spielt die traditionelle östliche Philosophie dieses Fragespiel immer weiter und stellt damit die an der westlichen Tradition orientierte Idee infrage, dass das »Selbst«, also unsere Identität, tatsächlich existiert. Stattdessen wird behauptet, dass es eigentlich gar kein »Selbst« gibt. Natürlich heißt das nicht, dass wir nicht körperlich existieren. Wir empfinden schließlich Schmerz, also existieren wir! Stattdessen bedeutet es, dass das »Selbst«, das wir meinen, wenn wir an uns selbst denken oder uns selbst beschreiben, keine dauerhafte, unabhängige Identität ist. Dieses Konzept des »Selbst« ist in gewisser Weise immer mit anderen Dingen und Ideen verknüpft und ändert sich ständig, weshalb es auch so schwer zu fassen ist.

Ich möchte mich jetzt nicht in philosophischen Diskussionen ergehen, im Sinne von »Wenn ein Baum im Wald umfällt und das niemand hört, gibt es dann ein Geräusch?« Die westliche Psychologie bevorzugt nämlich einen rationaleren Ansatz, der der Maxime von René Decartes folgt: »Ich denke, also bin ich.« Aber selbst die kognitive Psychologie gibt gern zu, dass das »Selbst«, also unser Denken, unsere Identität, zumindest gesellschaftlich beeinflusst ist und sich daher weiterentwickelt. Auch das ist die große Idee, die hinter dem Thema Achtsamkeit steckt.

DU HAST DICH KAUM VERÄNDERT!

Wir alle können eine Geschichte über uns erzählen. Sie berichtet über unsere Arbeit, unser Geschlecht, den familiären Hintergrund, den Beziehungsstatus usw. Dieses »Selbstkonzept«, wie es in der Psychologie genannt wird, ist der Baustein für unseren Geist und in großem Maße für unsere Persönlichkeit. Es wird durch unsere Gene sowie durch die endlosen Ereignisse bestimmt, auf die wir einige recht vorhersehbare Reaktionen entwickelt haben.

Das Selbstkonzept ist auch der Grund dafür, dass Sie, wenn Sie Menschen nach 20 Jahren zum Beispiel bei einem Klassentreffen wiedersehen, diesen Satz hören: »Du hast dich ja kaum verändert« oder »Ich würde dich immer wiedererkennen.« Ihr Gegenüber bezieht sich dabei natürlich auf vertraute Elemente Ihrer Persönlichkeit, die es wiedererkennt.

Um jedoch zu erkennen, wie zerbrechlich Ihre Idee des »Selbst« ist, müssen Sie sich nur vorstellen, man hätte Sie nach der Geburt vertauscht. Stellen Sie sich vor, Sie wären in einer völlig anderen Umgebung mit anderen Eltern und anderen Ereignissen aufgewachsen. Wie anders wäre Ihr »Selbstkonzept«?

Das bedeutet allerdings nicht, dass Ihr »Selbst« nicht wichtig wäre. Es ist zwar recht eingeschränkt, legt aber, gemeinsam mit Ihrer Persönlichkeit, fest, wie Sie im Laufe Ihres Lebens denken, fühlen und sich verhalten. Daher hat dieses Selbstkonzept auch dazu geführt, dass Sie all das erreicht haben und deshalb bezeichnen wir es auch als unser »Selbst«.

Aber wenn Sie sich allzu fest daran klammern, glauben Sie irgendwann, dass dieses Selbst selbstständig existiert. Dann würde aus »Ich *habe* diese Gedanken« oder »Ich *habe* diese Gefühle« der Satz »Ich *bin* diese Gedanken« oder »Ich *bin* diese Gefühle«. Damit werden Sie sehr verletzlich, vor allem wenn das Leben nicht nach Plan verläuft oder Ihr Selbstkonzept infrage stellt.

Wenn Sie sich also zu sehr an Ihr Selbst klammern oder – genauer – Ihr Selbstkonzept zu sehr verteidigen, reagieren Sie möglicherweise zu unflexibel oder abwehrend auf Veränderungen in Ihrem privaten oder beruflichen Leben. Und damit schränken Sie auch die Möglichkeiten ein, den Chancen und Herausforderungen des Lebens zu begegnen. Sie reagieren auf Stress oder negative Gefühle auf die gleiche ineffektive Weise wie immer. Das gilt auch für Ihre Reaktion auf Beziehungsprobleme, Druck bei der Arbeit oder Konflikte jeder Art.

Viele der enttäuschenden Verhaltensweisen, die Sie an sich selbst feststellen (oder andere an Ihnen bemerken) sind die Folgen unveränderlicher, abwehrender Verhaltensmuster.

SCHÖN, SIE ZU TREFFEN ... ODER: SCHÖN, MICH ZU TREFFEN!

Stellen Sie sich Achtsamkeit wie ein Objektiv vor, durch das Sie Ihr Selbstkonzept genau betrachten können. Mithilfe dieses Objektivs können Sie sich von den Geschichten und dem Selbstkonzept verabschieden, anhand derer Sie sich »starr« definieren, und sich stattdessen auf die Möglichkeiten konzentrieren, die genau vor Ihrer Nase liegen. Mit anderen Worten: Achtsamkeit lädt Sie dazu ein, die grundlegenden Beziehungen zu Ihren eigenen Erfahrungen und damit auch die Beziehung zu sich selbst zu verändern.

Das bedeutet natürlich nicht, dass Sie all Ihre wertvollen Erfahrungen vergessen sollen. Doch beantworten Sie sich diese Frage ganz bewusst: »Wie beeinflussen mich diese Erfahrungen in diesem Augenblick?« Und noch wichtiger: »Wie kann ich bessere Entscheidungen treffen, indem ich meine Sicht auf die aktuelle Situation verändere?«

Seien Sie also offen in der Bewertung einer Situation und reagieren Sie auf andere, neue Weise, sodass Sie möglicherweise sogar besser mit der Situation umgehen können. Das ist nämlich die grundlegende Fähigkeit, um achtsamer und selbstkontrollierter zu leben und emotionale Intelligenz zu entwickeln, ein Thema, auf das wir in Kapitel 13 näher eingehen werden.

Das philosophische Konzept des »kein Selbst«, das eines der Bausteine der Achtsamkeit ist, ähnelt in vielerlei Hinsicht dem »sozialen Selbst« in der kognitiven Psychologie. Beide Konzepte zeigen uns, wie wir unser Ego abgeben und uns auf unsere individuelle Geschichte konzentrieren, um mehr Sicherheit zu erlangen.

Natürlich haben Sie weiterhin ein Selbstkonzept, aber mithilfe von Achtsamkeit ändert sich die Art und Weise, wie Sie mit diesem Selbst umgehen. Vor diesem Hintergrund ist Achtsamkeit eine tief optimistische Praxis, denn sie geht davon aus, dass wir sehr viel positives Potenzial haben, um uns selbst und unseren Einfluss auf ungeahnte Weise zu verändern.

VOM »ICH« ZUM »WIR«

In der Achtsamkeitslehre geht man davon aus, dass das Selbst die Wurzel unseres Leidens ist. Wir tun uns nicht nur schwer, uns selbst anzuerkennen, sondern ebnen auch den Weg für Konflikte, da wir uns selbst als grundsätzlich unabhängig und getrennt von anderen Menschen betrachten. Erleben wir uns selbst als eng mit allen anderen Menschen und allen Phänomenen der Welt verbunden und voneinander abhängig, legen wir das Fundament für eine einfühlsamere Welt.

Achtsamkeit erinnert Sie daran, dass Ihr Selbstkonzept das Ergebnis eines komplexen Zusammenspiels Ihrer Gene, Lebensumstände, zufälligen Ereignissen und Begegnungen ist, von denen sich viele vermutlich Ihrer Kontrolle entzogen haben. Achtsamkeit lädt Sie ein zu erkennen, dass Ihr Leid eng mit dem Leid anderer verbunden ist.

Man ist sich zwar nicht sicher, ob es Platon, Philon von Alexandria oder John Watson war, der sinngemäß sagte: »Seien Sie freundlich, denn jeder, den Sie treffen, kämpft einen harten Kampf.« Es ist jedoch unstrittig: Wenn wir anerkennen, dass andere genauso leiden wie wir selbst, können wir anderen und uns unvoreingenommener und freundlicher begegnen. Das ist ein großer Schritt zu mehr Freiheit und Gelassenheit.

DIE PRAXIS

✓ Halte inne und schaue in dich hinein, um dich selbst zu prüfen. Was auch immer du dort findest: Beurteile es nicht, sondern lerne, es zu beobachten oder sogar zu mögen.

✓ Wenn du Schmerz oder Verlust empfindest, sei nicht selbstkritisch, sondern behandele dich selbst ebenso freundlich und verständnisvoll, wie du andere behandeln würdest.

✓ Betrachte deine negativen Erfahrungen achtsam und nimm sie nicht allzu persönlich.

✓ Nimm dich so, wie du bist. Sei dir bewusst, dass du heute vielleicht nicht das bist, was du sein willst, aber dass du anders bist als gestern.

✓ Vergleiche dich nicht mit anderen, sondern betrachte das, was dir geschieht, als ein Teil der menschlichen Erfahrung. Es geschieht nicht nur dir allein.

✓ Lächele so über die Stimme in deinem Kopf, wie du über die Streiche eines Kindes lachst.

✓ Wenn du achtsam beobachtest, wie deine Gedanken kommen und gehen, erkennst du, dass alle Gedanken, die du je hattest – auch die Gedanken über dich selbst – vergänglich sind. Zerbrich dir nicht den Kopf über Nichtigkeiten!

KAPITEL 7

DAS BEOBACHTENDE SELBST – JETZT WIRD ES SPANNEND

Sobald man einen Gegenstand oder einen Moment – selbst einen Grashalm – aufmerksam betrachtet, wird er zu einer zauberhaften, fantastischen, unglaublich wunderbaren Welt.

Henry Miller, amerikanischer Schriftsteller

Nun haben Sie bereits einige Achtsamkeitsübungen absolviert, Ihren Atem und auch Ihre Gedanken und Gefühle beobachtet. Damit stehen wir vor einer höchst interessanten Frage: Welcher Teil von Ihnen beobachtet all das?

In der klassischen buddhistischen Tradition heißt es, dass Sie durch das Übung von Achtsamkeit auch einen Bewusstseinsprozess einüben, der als Introspektion, Selbstbetrachtung (Sanskrit: *sampajanna*) bezeichnet wird. Ich habe diesen Begriff schon in Kapitel 2 erwähnt, als wir über Meditation gesprochen haben. Introspektion wird auch häufig mit »reine Einsicht« übersetzt und umfasst laut dem buddhistischen Lehrer Alan Wallace die »wiederholte Untersuchung des eigenen Körper- und Geisteszustands.«[14] Sie können sich Introspektion wie eine Art Qualitätskontroll-Mechanismus vorstellen, der Ihnen kontinuierlich Rückmeldung dazu gibt, wie sich Ihre Achtsamkeit entwickelt.

Wenn Sie beispielsweise versuchen, sich auf Ihren Atem zu konzentrieren, ist die Selbstbetrachtung der Moment, in dem Sie feststellen, dass Ihr Geist abgelenkt ist und sich nicht mehr auf den Atem konzentriert. Mithilfe von Selbstbetrachtung schenken Sie Ihrem Körper Aufmerksamkeit. Vielleicht werden Sie sich der Position Ihrer Hände, des Gefühls in Ihrem Bauch oder Ihrer Stimme bewusst.

Dabei geht es nicht um eine »Nabelschau«, denn sobald Sie diese Fertigkeit in Ihren Alltag übertragen, nehmen Sie auch Ihre Umgebung bewusster wahr. Sie erkennen also mithilfe von Introspektion, ob Ihr Verhalten für die aktuellen Umstände angemessen oder unangemessen ist. »Sollte ich jetzt lächeln?« »Sind meine Worte und meine Stimme zu hart, zu weich oder genau richtig?« Als Form der Selbstwahrnehmung kann Introspektion auch Ausdruck emotionaler Intelligenz sein, da Sie Ihre Gefühle, Gedanken und Tätigkeiten sowie deren Auswirkungen auf Ihr Verhalten ständig überwachen.

DAS BEOBACHTENDE SELBST

Obwohl die kognitive Psychologie sich traditionell auf die Kognition (Gedanken), Affekte (Gefühle) und das Verhalten begrenzt, erkennt auch sie diese eindeutig menschliche Fähigkeit an. In der Psychologie wird der Begriff »Metakognition« verwendet, um diese Fähigkeit der Selbstbetrachtung zu beschreiben. Das bedeutet so viel wie »dem Denken übergeordnet«. Dieser Begriff ist zwar etwas breiter gefasst als das buddhistische Konzept der Introspektion, umfasst aber auch die Fähigkeit, seine eigenen Erfahrungen bewusst wahrzunehmen.

Einige Psychologen bezeichnen diesen Aspekt als das »beobachtende Selbst«, ein Name, der eindeutig angibt, was aktuell vor sich geht: Sie beobachten einfach Ihre Erfahrung[15] und verirren sich nicht in Ihren Gedanken und Urteilen darüber. Ihr beobachtendes Selbst funktioniert wie ein desinteressierter Zuschauer.

Die Funktionen des beobachtenden Selbst – Achtsamkeit und Introspektion – arbeiten zusammen, sodass unsere Erfahrung uns selbst zeigt, dass es zwei Teile in unserem Geist gibt: zum einen den Teil, den wir am besten kennen, das »denkende Selbst«. Das denkende Selbst ist – der Name sagt es schon – für das Denken zuständig. Es erzeugt einen ununterbrochenen Strom aus Gedanken in Form von Überzeugungen, Erinnerungen, Urteilen, Fantasien und Plänen. Dazu gehören sogar die Gedanken über unser physisches »Selbst« – unseren Körper.

Zum anderen gibt es einen Teil in unserem Geist, der über dem Denken steht und einfach feststellt, dass wir etwas feststellen. Dieses »beobachtende Selbst« ist wie eine Aussichtsplattform, von der aus wir sehen, wie sich unser Geist verhält. Es kreiert einen Ort, an dem Sie Ihre Erfahrungen betrachten können, ohne durch das mentale und emotionale Wirrwarr abgelenkt zu werden, das automatisch auftaucht, wenn Sie sich in Grübeleien über Ihre Erlebnisse vertiefen.

DAS WETTER NIMMST DU IMMER MIT ...

Wir haben zwar kein passendes Wort dafür, kennen sie aber fast alle: die Erfahrung des puren Bewusstseins. Wenn wir zum Beispiel die Schönheit der Natur wahrnehmen, empfinden wir pures Bewusstsein. Kürzlich fuhr ich nach einem Regenguss über das Land und sah einen spektakulären Regenbogen. Sehr schnell wurde meine Wahrnehmung durch diesen Gedanken unterbrochen: *»Ich möchte anhalten und ein Foto machen!«* Doch für einen kurzen Augenblick habe ich nicht über meine Erfahrung nachgedacht, sondern sie einfach nur wahrgenommen.

Moderne Buddhisten ziehen häufig den Himmel als Analogie heran, um diesen Geisteszustand zu beschreiben. Ihr beobachtendes Selbst ist wie der Himmel. Mentale Aktivitäten, wie Gedanken und Gefühle, entsprechen dem Wetter, das sich immer wieder ändert. In dieser Analogie klammert sich der Himmel nicht an ein bestimmtes Wetter und möchte »schlechtes« Wetter auch nicht loswerden. Das Wetter IST einfach. Und um mit den Worten der australischen Band »Crowded House« zu sprechen: »Das Wetter nimmst du immer mit«. Denn egal, wie das Wetter ist: Der Himmel ist immer da und man kann ihn erreichen, indem man sich über die Wolken erhebt.

ZUSAMMENFASSUNG

Als Teil des beobachtenden Selbst ist Introspektion ein wichtiger Aspekt der Achtsamkeit. Sie steigert die Wahrnehmung, weil sie Ihnen hilft, sich von Ihren Gedanken und Gefühlen zu distanzieren und sich nicht von ihnen einnehmen zu lassen. Durch fokussierte

Aufmerksamkeit können Sie erkennen, wie Ihr Geist funktioniert und Ihr Verhalten beeinflusst.

Das eigentliche Ziel der Introspektion ist es, die Erfahrung zu beobachten und nicht darüber nachzudenken. Doch sie hat auch einen potenziellen therapeutischen Vorteil.

Durch das »Benennen und Erklären« Ihrer Gedanken und Gefühle können Sie verhindern, von ihnen »überrannt« zu werden. Es ist ein großer Unterschied, ob Sie sagen, dass Sie sich traurig oder ängstlich fühlen, oder ob Sie anerkennen, dass Sie traurige oder ängstliche Gedanken haben. Im ersten Ansatz identifizieren Sie sich nämlich eng mit Ihren Gefühlen, während der letztere zeigt, dass Sie sich davon distanzieren können. Damit erlangen Sie potenziell mehr Freiheit, um über Ihr Verhalten zu entscheiden.

In diesem Sinne ist Introspektion eine Fertigkeit, die größere Achtsamkeit unterstützt, da Sie unterscheiden können, ob Sie eine Erfahrung machen oder sich mit ihr identifizieren. Damit nehmen Sie die Funktionen und die Auswirkungen Ihres Selbst auf Ihre Umwelt bewusster wahr.

DIE PRAXIS

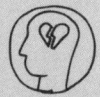

✓ Wie fühlst du dich gerade? Mache es dir zur Gewohnheit, deinen Gefühls- und Geisteszustand zu überwachen, indem du dich selbst beobachtest.

✓ Werde Zeuge deiner Gedanken und nimm die körperlichen Anzeichen wahr, die ein bestimmtes Gefühl begleiten.

✓ Frage dich: »Fühle ich mich gerade wohl?« oder »Was geht gerade in mir vor?«

✓ Lenke deine Aufmerksamkeit auf deinen Körper und frage dich: »Bin ich an einer Stelle angespannt?«

✓ Lenke deine Aufmerksamkeit auf deinen Atem: Ist er lang oder kurz, langsam oder schnell?

✓ Achte besonders darauf, mit welchen Gefühlen andere Menschen auf dich reagieren, und betrachte dein Verhalten im Lichte dieser Reaktion.

✓ Richte nicht deine gesamte Aufmerksamkeit auf die äußere Welt, sondern spüre auch genau deinem Inneren nach.

KAPITEL 8

DIE KRAFT DES AUGENBLICKS

Das Geheimnis hinter einem gesunden Geist und Körper ist nicht, die Vergangenheit zu beklagen, sich um die Zukunft zu sorgen oder Probleme vorherzusehen, sondern besonnen und aufrichtig im jetzigen Augenblick zu leben.

Buddha

Die meisten Menschen assoziieren mit Achtsamkeit Aussagen wie »im Augenblick leben« oder »vollständig präsent sein«. Es ist sicherlich richtig, dass der Kern der Achtsamkeit darin liegt, den Augenblick bewusst wahrzunehmen.

Als vor einigen Jahren das Thema Achtsamkeit im Westen Fuß fasste, wurde das Buch *The Power of Now* (Jetzt! Die Kraft der Gegenwart) von Eckhart Tolle zum internationalen Bestseller.

Darin lenkt Tolle unseren Blick auf etwas Offensichtliches, das genau vor unserer Nase liegt: Das Leben geschieht genau jetzt – in diesem Moment. Wir können über die Vergangenheit oder die Zukunft nachdenken, allerdings existieren sie nur als Gedanken im gegenwärtigen Augenblick. Wir können die Zukunft planen, aber diese Planung geschieht hier und jetzt. Wir können die Vergangenheit reflektieren und daraus lernen, aber diese Reflexion findet in der Gegenwart statt. Dieser Moment ist alles, was wir haben.

WARUM IST DAS WICHTIG?

Aus psychologischer Sicht ist diese Erkenntnis wichtig, weil viele Menschen dazu neigen, in der Vergangenheit oder in der Zukunft oder in beidem zu leben. Wir trauern den »ruhmreichen Tagen« hinterher und denken bedauernd an all das, was wir hinter uns gelassen oder gar verpasst haben. Und dabei gründet sich unsere allgemeine Einstellung auf Vergangenes. Damit wird es schwierig, frisch und unvoreingenommen die Gegenwart zu erleben.

Desgleichen verbringen wir viel Zeit damit, unsere Zukunft ganz nach unseren Wünschen zu gestalten oder ängstlich auf künftige Unsicherheiten und unkontrollierbare Dinge zu schauen. Mark Twain bemerkte dazu sehr passend: »Ich habe einige schreckliche Dinge in meinem Leben erlebt; einige davon haben auch wirklich stattgefunden.«

Häufig ist uns die Gegenwart gar nicht lieb, da unser normales Denken die ganze Zeit unterschwellig von Unbehagen, Unzufriedenheit, Langeweile oder Nervosität bestimmt wird. Wir neigen dazu, den jetzigen Augenblick zu verdrängen, indem wir ihn einfach ignorieren oder als aufregender betrachten, als er tatsächlich ist. Doch damit verschwenden wir Zeit und Energie, verlieren unsere Gelassenheit und verpassen die neue Gelegenheit, die sich uns in genau diesem Moment bietet.

UHRZEIT VS. PSYCHOLOGISCHE ZEIT

Das heißt natürlich nicht, dass Sie keine Zukunftspläne schmieden oder nicht aus der Vergangenheit lernen sollen. In *Jetzt! Die Kraft der Gegenwart* beschreibt Tolle zwei – wie ich finde, sehr hilfreiche – Möglichkeiten, die Zeit wahrzunehmen. Er unterscheidet zwischen der »Uhrzeit« und der »psychologischen Zeit«.

Mithilfe der Uhrzeit organisieren wir alle praktischen Aspekte unseres Lebens, legen Ziele fest, planen eine Reise oder lernen aus vergangenen Fehlern, um sie nicht zu wiederholen. Dabei wird jede in der Vergangenheit gesammelte Erfahrung nur dann relevant, wenn wir sie in der Gegenwart anwenden. Jede Planung und jedes Streben nach einem bestimmten Ziel geschieht *jetzt*. Wenn wir uns daher mit solchen praktischen Dingen beschäftigt haben, müssen wir unser Bewusstsein unbedingt sofort wieder auf den Augenblick lenken, damit sich keine »psychologische Zeit« aufbaut. Damit bezeichnet er unsere Neigung, uns zu eng mit der Vergangenheit zu identifizieren oder uns dauerhaft in eine imaginäre Zukunft zu projizieren.

Diese Sichtweise entspricht genau dem Ansatz der Achtsamkeit. Unser Hauptaugenmerk als achtsame Menschen liegt immer auf dem jetzigen Augenblick. Wir sind uns der Zeit bewusst, befreien uns aber zunehmend von der psychologischen Zeit. Wenn Sie beispielsweise in der Vergangenheit einen Fehler gemacht haben und daraus jetzt lernen, verwenden Sie die »Uhrzeit«. Aber wenn Sie sich daran festbeißen und sich selbst kritisieren, Gewissensbisse oder Schuld empfinden, dann machen Sie den Fehler zu einem Teil Ihres Selbstkonzepts. So ist er zu psychologischer Zeit geworden, die laut Tolle immer mit einem falschen Identitätsgefühl verbunden ist.

Mithilfe von Achtsamkeit üben Sie ein entspannteres »Bewusstsein«. So überwinden Sie die automatischen Urteile und Einschränkungen Ihres »im Geiste geformten« Selbst, das geprägt ist vom endlosen Strom der Gedanken an die Vergangenheit oder Zukunft. Sie müssen den Autopiloten abschalten und den Augenblick bewusster wahrnehmen, um zum Beobachter Ihrer eigenen Gedanken und Gefühle zu werden. Nur so verhindern Sie, dass diese die Kontrolle über Ihre Handlungen und Stimmungen bekommen.

Die bewusste Wahrnehmung der Gegenwart ist ebenfalls eine wirksame Strategie zur Überwindung von Angst. Angst hat ihren Ursprung in dem Gefühl, dass man die Kontrolle über eine imaginäre Zukunft verliert. Der berühmte russische Schriftsteller Leo Tolstoi sagte einmal: »Wichtig ist nur eine Zeit – *jetzt!* Das ist die wichtigste Zeit, denn nur dann haben wir Macht.«

Unsere Gelassenheit ist in großem Maße davon abhängig, wie viel Macht wir haben, bewusst im Augenblick zu leben. Egal, was gestern war oder morgen sein wird, wir leben immer im jetzigen Augenblick. Die einzige Frage ist, in welchem Maße wir im Jetzt präsent sind.

Wenn Sie jeden Moment ganz bewusst wahrnehmen, ihn gelassen und in neuem Licht betrachten, dann erzeugen Sie das, was Tolle »Präsenz« nennt. Sie müssen präsent sein, um Schönheit wahrzunehmen, um Ihrem Gegenüber mit ehrlichem Interesse zuzuhören und an seinen Erfahrungen teilzuhaben, um Ihren Körper aufmerksam zu betrachten und um den Fluss Ihrer Gedanken bewusst zu spüren, ohne sich von ihnen gefangen nehmen zu lassen.

Damit Sie »Präsenz« entwickeln und Ihr Bewusstsein schärfen können, muss der Geist ruhig sein. Wenn man seinen Geist beruhigt, fühlt sich das an, als würde man eine schwere Tasche voller Sorgen und Nöte um Vergangenes und Zukünftiges und voller Urteile und vorgefasster Meinungen einfach abstellen. Damit gelangen Sie zu mehr Selbstwahrnehmung und Selbsterkenntnis – zwei Elemente, die den Grundstein für emotionale Intelligenz legen und unser Verhalten verändern.

ACHTSAMKEIT IM ALLTAG

Natürlich bedeutet Achtsamkeit für den Augenblick nicht, dass Sie unablässig üben oder meditieren müssen. Es ist vielmehr die Art und Weise, wie wir uns den normalen, den alltäglichen Tätigkeiten wie Abwaschen, Duschen, Autofahren, Treppensteigen, Kaffeetrinken – und ja, auch dem Atmen – nähern. Alle diese Tätigkeit achtsam auszuüben, bedeutet, dass Sie lernen müssen, Ihren Geist zur Ruhe kommen zu lassen und sich vollständig auf die gegenwärtige Erfahrung zu konzentrieren. Sie nehmen die einströmenden Reize, Töne, Gerüche und Gefühle dieser Erfahrung ganz bewusst wahr.

Worauf konzentrieren Sie Ihre Aufmerksamkeit jetzt beim Lesen dieser Seite? Läuft in Ihrem Kopf ein Kommentar mit (die »ominöse Stimme aus dem Off«), sorgen Sie sich um etwas oder sehnen Sie sich gerade nach einer vergangenen Erfahrung? Oder konzentrieren Sie sich ganz auf die Worte dieser Seite und auf ihre Bedeutung? Achtsamkeit besagt, dass wir den Augenblick vollständig annehmen müssen, um gelassen zu werden und mit uns selbst ins Reine zu kommen. Es ist das Geheimnis für Gesundheit an Körper und Geist: Lernen Sie, besonnen und aufrichtig im jetzigen Augenblick zu leben.

DIE PRAXIS

✓ Dein Atem ist dein Anker zum Hier und Jetzt. Halte dich einfach über den Tag immer wieder daran fest.

✓ Achte auf deine unmittelbare Umgebung und verweile einen Moment bei diesem Bewusstsein. Spüre die Geräusche, Anblicke und Gefühle.

✓ Wenn du bemerkst, dass du mit Blick auf die Vergangenheit traurige Gefühle oder Bedauern spürst, lenke deine Aufmerksamkeit sofort wieder auf die Gegenwart.

✓ Und wenn du anfängst, über die Zukunft nachzudenken oder aufgeregt zu sein, lenke deine Aufmerksamkeit sofort wieder auf das, was unmittelbar vor dir liegt, auf den jetzigen Augenblick.

✓ Achte beim Essen bewusst darauf, dass du isst, spüre den Geschmack und genieße die Freude am Essen.

✓ Halte mehrmals am Tag kurz inne und richte deine Aufmerksamkeit auf den Moment. Beobachte ihn in Ruhe.

KAPITEL 9

LOSLASSEN UND LOCKERER WERDEN

Die erste Regel lautet: Bleib gelassen. Die zweite Regel lautet: Schau den Dingen ins Gesicht, um zu erkennen, wofür sie gut sind.

Mark Aurel, römischer Imperator und stoischer Philosoph

Wie wir bereits festgestellt haben, ist eines der Kernstücke der Achtsamkeit die Fähigkeit, die Umstände und sich selbst wertfrei wahrzunehmen. In diesem Kapitel gehen wir noch einen Schritt weiter und schauen uns an, was passiert, wenn wir diese zentrale Idee auf unseren Alltag anwenden.

Die traditionelle Achtsamkeitslehre geht davon aus, dass ein Großteil unseres Leidens durch die Sichtweise verursacht wird, mit der wir auf unsere Erfahrungen blicken. Wir neigen übermäßig dazu, uns an den guten Erfahrungen festzuklammern, und bemühen uns mit allen Mitteln, schmerzliche Erfahrungen zu vermeiden. Das ist ganz normal. Doch in der Achtsamkeitslehre führen beide Reaktionen zum »Festklammern« und sind damit die eigentliche Ursache für unser Leid.

Wenn Sie sich wohler fühlen wollen, sollten Sie sich nicht so sehr an Objekte und Resultate hängen. Lernen Sie stattdessen, Ihre gewohnte Neigung zum Urteilen loszulassen. Sagen Sie nicht mehr: »Das ist gut« oder »Das ist schlecht«, »Ich muss das haben« oder »Ich ertrage das nicht«. Mit anderen Worten: Achtsam zu leben heißt, seine Gefühle zu spüren, seine Gedanken zu denken und seine Erfahrungen zu erleben, aber ohne sich zu sehr damit zu beschäftigen, ob sie »richtig« oder »falsch« sind.

DIE ERFAHRUNG STEHT IM MITTELPUNKT

Ein achtsamer Mensch ist hingegen bereit, sich für alles Neue in der Welt aus einer annehmenden Haltung heraus zu öffnen. Vertrauen Sie nicht länger auf Ihre bewährten Mechanismen zur Verteidigung gegen schwierige Erfahrungen, sondern wenden Sie sich Ihren Erfahrungen zu und akzeptieren Sie die Realität.

Aus psychologischer Sicht ist das sehr sinnvoll. Nehmen wir das Beispiel negativer Gefühle wie Ärger oder Angst. Beide verursachen ein Unwohlsein bei Ihnen, sodass Sie sie schnell wieder loswerden oder vermeiden wollen. Das ist nur verständlich, denn Vermeidung ist eine Strategie, die bei körperlichen Bedrohungen ausgezeichnet wirkt. Doch leider versagt sie hoffnungslos, wenn es um psychologische Hürden wie Ärger oder Angst geht.

Im Gegenteil: Je mehr Sie sich bemühen, unangenehme Gedanken oder Gefühle zu vermeiden, desto stärker wächst ein innerer Konflikt, der Sie noch empfindlicher gegenüber leidvollen Erfahrungen macht. Je mehr Sie versuchen, schwierige Gedanken oder Gefühle zu unterdrücken oder zu vermeiden, umso stärker werden diese in der Regel und umso verletzlicher werden Sie. Im schlimmsten Fall entwickeln Sie zwanghaftes oder obsessives Verhalten.

Mit Achtsamkeit versuchen Sie nicht, sich von schwierigen Themen, die Ihnen durch den Sinn gehen, abzulenken. Im Gegenteil: Sie lernen, diese Gedanken proaktiv zu behandeln, indem Sie sie wertfrei, mit Neugier und Interesse betrachten. Gehen Sie auf die Erfahrung zu und fragen Sie sich: »Was ist das für eine Erfahrung?«. Damit mäßigen Sie Ihre Abneigung oder Verzweiflung und verkleinern die emotionale Lücke zwischen dem, was Sie wollen, und dem, was Sie bekommen haben.

Das ist der erste Schritt: Lernen Sie, Ihre Gefühle und Gedanken zu beobachten. Sie anzunehmen, wie sie sind, auch wenn sie wehtun, ist der zweite Schritt beim Umgang mit den angenehmen und unangenehmen Aspekten Ihres Lebens.

RICHTIGE ACHTSAMKEIT UND RICHTIGES HANDELN

Wir wollen hier nicht »Glück« heucheln oder Seelenschmerz leugnen. Auch zähneknirschendes Hinnehmen ist nicht unser Ziel und schon gar nicht passive Resignation in die Umstände.

Im Gegenteil: Die traditionelle Lehre der Achtsamkeit zeigt mehr als deutlich, dass achtsame Menschen einem ethischen Lebensstil verpflichtet sind. Darauf werden wir im nächsten Kapitel näher eingehen. An dieser Stelle möchte ich jedoch festhalten, dass Achtsamkeit nichts mit Passivität oder Desinteresse zu tun hat, wie in einigen Kursen behauptet wird.

Echte Achtsamkeit bedeutet, dass Sie die Dinge in die Hand nehmen und zwar in Übereinstimmung mit Ihren tiefsten Überzeugungen. Wenn Sie zum Beispiel Zeuge einer Ungerechtigkeit oder eines Missbrauchs werden, lassen Sie als achtsamer Mensch Raum für die schmerzlichen Gedanken und Gefühle, anstatt einfach darauf zu reagieren. Statt Ihrem Ärger Luft zu machen, indem Sie ihn auf destruktive Weise »ausleben« oder mit unsinnigen Verhaltensweisen wie übermäßigem Alkoholgenuss oder passiver Unterwerfung reagieren, handeln Sie achtsam, indem Sie anhand Ihrer Überzeugungen Lösungen für die Situation finden.

Akzeptanz heißt also nicht, die Lebensumstände passiv hinzunehmen, sondern die persönlichen Erfahrungen – Gedanken, Gefühle und Erinnerungen – anzunehmen. Schaffen Sie aktiv einen Raum für unerwünschte Gedanken und Gefühle, Erinnerungen und Erfahrungen und versuchen Sie nicht, sie mit allen Mitteln zu vermeiden. Der lateinische Wortstamm für »Akzeptanz« lautet *capere*, was sich mit »nehmen« übersetzen lässt. Wenn wir etwas akzeptieren, dann »nehmen wir das, was uns angeboten wird«.

AKZEPTANZ, TRENNUNG UND FREIHEIT

Und damit kommen wir zu einer der wichtigsten Erkenntnisse. In der Achtsamkeit gilt der Inhalt der Gedanken und Gefühle nicht als das eigentliche Problem. Schwierig wird es erst, wenn man sich zu sehr mit diesen Erfahrungen identifiziert. Wenn Sie sich in Ihren Gedanken und schwierigen Erfahrungen verfangen, merken Sie nicht mehr, wie sehr diese Sie kontrollieren.

Wenn Sie aber in der Gegenwart vollständig präsent sind, einen Schritt von Ihrer Reaktion zurücktreten und Ihr beobachtendes Selbst nutzen, erkennen Sie, wie sich Ihre Gedanken und Gefühle zu vorhersehbaren Handlungen verknüpfen. Mithilfe von Achtsamkeit unterbinden Sie den »Zwang«, Ihre Gefühle und Gedanken zu kontrollieren, und schaffen stattdessen einen psychologischen Raum, in dem Sie sie akzeptieren können.

Damit reduzieren Sie gleichzeitig den negativen Sog, den Zustände wie depressive Verstimmungen oder Angst verursachen. Ihr Leben wird nun nicht mehr davon dominiert, diese negativen Zustände zu vermeiden, sondern Sie erleben eine größere Freiheit, sich so zu verhalten, dass Sie Ihre gewünschten Ziele auch erreichen. Mehr zu diesem Thema erfahren Sie im nächsten Kapitel und später noch einmal in Kapitel 17.

DIE PRAXIS

✓ Du musst nicht perfekt sein. Immer wenn du ein bestimmtes Ziel unbedingt und auf bestimmte Weise erreichen willst, entsteht ein innerer Konflikt.

✓ Egal, was gestern war oder morgen sein wird: Lerne, in diesem Moment zu leben.

✓ Sei geduldig und nimm dein Leben mit Leichtigkeit einfach so hin.

✓ Nimm dir fünf Minuten Zeit und entscheide dich bewusst, deine Gelassenheit durch nichts stören zu lassen.

✓ Akzeptiere, dass das Leben nicht fair ist.

- ✓ Was passiert ist, kannst du nicht ändern. Der Buddhismus lehrt uns, dass das Leben ein Zustand ständiger Veränderung ist.

- ✓ Alles hat einen Anfang und ein Ende.

- ✓ Achten Sie auf Ihre Stimmungen. Treffen Sie keine wichtigen Entscheidungen, wenn Sie schlechte Laune haben.

- ✓ Lassen Sie Ihre Erwartungen fahren und werden Sie lockerer. Sie werden viel häufiger freudige Überraschungen erleben.

- ✓ Ergeben Sie sich dem Augenblick und gestehen Sie sich ein, dass er völlig in Ordnung ist – so wie er ist.

- ✓ Holen Sie tief, lange und achtsam Luft und mildern Sie Ihre Reaktion.

KAPITEL 10

WAS IST DIR WICHTIG?

Mach alles so, als sei es wichtig. Denn es ist wichtig.

William James

Für viele Menschen ist Achtsamkeit interessant, weil sie dahinter eine Methode zur Entspannung sehen. Es scheint überzeugend, dass man Geist und Körper entspannen muss, um Stress zu bewältigen. Aber ich behaupte, dass diese Sichtweise die Vorteile von Achtsamkeit nicht vollständig erfasst.

Weltliche Trainer versuchen oft, die Technik der Achtsamkeit von ihrer ursprünglichen Rolle in fast allen Religionen zu trennen. Dabei vergessen sie häufig, dass das Herzstück der Achtsamkeit darin liegt, das Potenzial des Geistes zu fördern und zu nutzen. Zwar kann Achtsamkeit als rein psychologische Methode verstanden werden, aber ihre Wurzeln liegen in der ethischen und spirituellen Praxis. Mit spirituell meine ich hier allerdings nicht religiös. Das eigentliche Ziel der Achtsamkeitspraxis ist, dass Sie ein zufriedeneres und persönlich bedeutsameres Leben führen.

Wie wir gesehen haben, lassen sich die Ursprünge von Achtsamkeit als Pfad zur persönlichen Befreiung beschreiben. Und laut dem Buddhismus-Experten Alan Wallace »hat alles einen ethischen Kern: wie wir anderen Menschen mit Freundlichkeit begegnen und bemüht sind, keine Schäden anzurichten ... Im Grunde wandert ein ethisches Leben auf dem Pfad echter Mühen, echter Achtsamkeit und echter Konzentration.«[16]

Aus diesem Grund bedeutet Achtsamkeit mehr, als den Moment bewusst und wertfrei wahrzunehmen. Sie kann als ethische Verpflichtung und als psychologische Übung betrachtet werden, mit der sich eine persönliche Veränderungen erreichen lässt. Wenn Sie achtsam leben und regelmäßig meditieren, werden Sie sich Ihrer eigenen Gedanken und Tätigkeiten bewusster und nehmen deutlicher wahr, wie sich Ihr Verhalten auf andere Menschen auswirkt. Um dies besser zu verstehen, sollten Sie die Kernidee der Achtsamkeit kennen, die auch den meisten bekannten psychologischen Modellen zugrunde liegt.

ACHTSAMKEIT UND DAS POTENZIAL DES MENSCHEN

Die meisten Modelle in der Psychologie basieren auf der Annahme, dass Ihre Gedanken oder Ihr »Selbstkonzept« in gewisser Weise »dysfunktional« oder »pathologisch« sind und korrigiert oder repariert werden müssen. Die Psychologie hat sich in ihrer langen Geschichte immer auf die eine oder andere Art mit solchen menschlichen Fehlfunktionen auseinandergesetzt. Doch noch in den Anfängen der modernen Psychologie hat einer ihrer Gründer, William James, diese Konzentration auf die menschliche Dysfunktion infrage gestellt. Er überlegte, ob nicht ein durchschnittlicher Mensch – der sich bester mentaler Gesundheit erfreuen mag – nur einen Teil seines Potenzial nutzt.

Mehr als 100 Jahre später wurde diese Frage systematisch von dem Fachgebiet der positiven Psychologie aufgegriffen und untersucht. Die positive Psychologie wurde von ihrem Gründer Martin Seligman als »Psychologie der positiven menschlichen Funktionen« beschrieben und konzentriert sich nicht nur darauf, psychopathologische Zustände zu behandeln, sondern das Potenzial des Menschen zu maximieren.

Dieses der Achtsamkeit zugrundeliegende psychologische Modell stellt zudem das Interesse an der menschlichen Dysfunktion infrage und schlägt einen anderen Ansatz vor, mit dem sich persönliche Veränderungen erreichen lassen.

ERKENNE DICH SELBST ... VERÄNDERE DICH SELBST

In den psychologischen Strukturen der Achtsamkeit gilt das Selbst nicht als defekt und korrekturbedürftig. Sie gehen davon aus, dass Wachstum und therapeutische Erfolge nur dann erzielt werden, wenn der Mensch seine Einstellung zu seinem Selbst und seinen Werten verändert.

So verhielt sich etwa der Geschäftsführer eines großen Unternehmens, mit dem ich zu tun hatte, seit Jahren wie ein Tyrann gegenüber seinen Mitarbeitern. Im Verlauf des Achtsamkeitstrainings bat ich ihn, einen Schritt zurückzutreten und sich selbst völlig wertfrei im aktuellen Moment zu beobachten.

Dabei erkannte er, dass die eigentliche Triebfeder für sein gewohntes Verhalten nicht die Böswilligkeit seines Personals war. Er war so giftig, weil er Angst hatte, die Kontrolle zu verlieren. Ihm wurde auch klar, dass sein Führungsstil gar nicht zu seinem Selbstkonzept und seinen eigenen Werten passte, denn im Grunde war ihm wichtig, andere mit Respekt zu behandeln.

Eigentlich wollte er sich respektvoll verhalten. Er konnte sein Verhalten ändern und an sein wirkliches Selbstkonzept anpassen. Natürlich dämmerte ihm auch, dass sein unternehmerischer Erfolg davon abhängt, wie er sein Team motiviert und Innovationen fördert, und dass sein Führungsstil eher kontraproduktiv war, also nicht funktionieren konnte.

An diesem Beispiel zeigt sich, wie sich die unterschiedlichen Elemente der Achtsamkeit – das beobachtende Selbst und die Introspektion – überschneiden und zusammenwirken. Das Selbstkonzept, die Wahrnehmung des Augenblicks, die wertfreie Akzeptanz der Erfahrungen und die Anerkennung der eigenen Werte funktionieren also wie ein Netz, das die Grundlage für Selbsterkenntnis, psychologische Flexibilität und wertorientiertes Verhalten ist.

ACHTSAMKEIT UND WERTORIENTIERTES VERHALTEN

Es ist wichtig, dass Sie nach Ihren Werten leben, wenn Sie ein erfülltes Leben mit großem Seelenfrieden führen möchten. Werte definieren die Beziehung zu einem selbst und zur Außenwelt. Als Grundprinzipien lenken sie unser Verhalten und bestimmen unsere Entscheidungen.

Daher beginnt ein achtsames Leben damit, dass Sie sich selbst unvoreingenommen und mitfühlend akzeptieren. Auch sollten Sie möglichst mit sich selbst und mit anderen Menschen gut auskommen. Das gelingt allerdings nur, wenn Sie sich selbst freundlich und liebevoll behandeln. Mit einem solch ethischen Verhalten und dem Leben entsprechend Ihren Werten, also den Dingen, die Ihnen wichtig sind, werden Sie nicht nur zufriedener, sondern begegnen auch anderen Menschen mit mehr Mitgefühl.

In meinem Buch *Emotional Capitalists: The Ultimate Guide for Building Emotional Intelligence for Leaders,*[17] beschreibe ich acht wichtige Erfahrungsbereiche, in die wir alle Zeit und emotionale Energie investieren, um emotionales Gleichgewicht zu finden. Dies sind die Bereiche, die uns wichtig sind und in denen wir wichtige Entscheidungen treffen: körperliche Gesundheit, Lebensstil, persönliche Entwicklung, kreativer Ausdruck, Arbeit, Geld, soziale Beziehungen und enge Beziehungen.

Letztendlich hängt das emotionale Gleichgewicht davon ab, dass wir unsere Schlüsselwerte in diesen Bereichen kennen und danach leben. Daher darf unser eigenes Verhalten auch nicht zwischen widersprüchlichen äußeren Anforderungen und dem Verhalten anderer Menschen hin- und hergezerrt werden, sondern sollte auf internen Referenzpunkten basieren, die unsere Schlüsselwerte widerspiegeln. Und weil das perfekte Gleichgewicht nur schwer erreichbar ist, gehört zu einem achtsamen Leben, dass Sie ethisch und in möglichst großer Übereinstimmung mit Ihren eigenen Werten handeln.

Vor einiger Zeit habe ich einen reichen Banker trainiert, der viel zu viel arbeitete. In der Regel ging er um 6 Uhr morgens aus dem Haus und kam abends erst nach 20 Uhr wieder heim. Ich bat ihn, sich selbst und seine Werte zu beschreiben. »Ich bin ein Familienmensch!«, erklärte er. Ich wies ihn darauf hin, dass er vier Kinder unter sieben Jahren habe und ein »Familienmensch«, vor allem einer, der keine finanziellen Sorgen hat, doch eigentlich jemand sei, der mit seinen Kindern frühstückt oder sie zumindest abends ins Bett bringt. Er dachte darüber nach und erkannte, dass er überhaupt nicht nach seinen eigenen Werte lebte. Stattdessen folgte er einem eingefahrenen Skript, das seine Selbstwahrnehmung in jüngeren Jahren lenkte, das er aber nie aktualisiert hatte.

Werte spiegeln die Dinge wider, die uns am wichtigsten sind. Sie legen fest, wie wir uns gegenüber der Welt, anderen Menschen und uns selbst verhalten. Außerdem bestimmen sie, wie wir uns darstellen möchten, und lenken unser Verhalten. So können zum Beispiel Ihre Werte im sozialen Bereich des Lebens lauten, dass Sie andere Menschen mit Respekt behandeln und kooperativ sind. Im Bereich Finanzen sagen sie vielleicht, dass Sie großzügig und spendabel sind. Was Ihren Lebensstil betrifft, ist Ihnen vielleicht der Umweltschutz wichtig, weshalb Sie umweltbewusster leben möchten usw.

Wenn Sie achtsam leben wollen, sollten Sie sich fragen: »Lebe ich mein Leben so, wie ich es gerade jetzt leben möchte? Stimmt mein Verhalten in jedem Lebensbereich mit meinen Werten, also den Dingen, die mir wichtig sind, überein?«

In allen Weisheitslehren heißt es, dass emotionales Gleichgewicht durch echtes Glück und wahre Zufriedenheit erreicht wird. Daher finden Sie in Teil III, »Die vier Anwendungen der Achtsamkeit«, einige zuverlässige Übungen, mit denen Sie eine ausgeglichenere und gesündere Einstellung erzielen.

Vorher jedoch können Sie mithilfe der Fragen im Kasten »Die Praxis« auf dieser Seite und den Informationen auf den folgenden

Seiten Ihre Schlüsselwerte bestimmen. Finden Sie heraus, was Ihnen in den einzelnen Lebensbereichen wichtig ist. Fragen Sie sich: »Welcher Wert liegt meiner Entscheidung zugrunde? Habe ich mich gemäß meiner Werte entschieden?«

DIE PRAXIS

✓ **Soziale Beziehungen:** Betrachten Sie Ihre Beziehung zu anderen Menschen. Wie wirken Sie auf andere? Welche Werte bilden die Grundlage für Ihren Ruf?

✓ **Enge Beziehungen:** Beschreiben Sie Ihre Beziehung zu engen Freunden, Familienmitgliedern und Ihren Kindern. Wie verhalten Sie sich den Menschen gegenüber, die Ihnen am nächsten stehen? Welche Werte lenken Ihr Verhalten?

✓ **Gesundheit:** Stellen Sie sich ein Bild von sich in naher Zukunft vor. Wie sehen Sie aus? Welches Gewicht und wie viel Energie haben Sie? Bewegen Sie sich ausreichend? Welche Werte bilden die Grundlage Ihrer Ernährung? Welche Werte lenken Ihre alltäglichen Gewohnheiten in diesem Bereich?

✓ **Lebensstil:** Stellen Sie sich Ihren Lebensstil in naher Zukunft vor. Wie managen Sie Ihre Zeit? Wo leben Sie? Wie viel Stress haben Sie im Leben? Welche Werte lenken Ihre Entscheidungen?

✓ **Persönliche Entwicklung:** Stellen Sie sich vor, wie Sie sich selbst in naher Zukunft entwickelt haben werden. Welche Qualitäten, Einstellungen und Gefühle prägen Ihren Charakter oder fehlen darin? Welche spirituellen Qualitäten oder Stärken haben Sie entwickelt? Welche Fertigkeiten oder welches Wissen haben Sie sich angeeignet?

✓ **Kreativer Ausdruck:** Beschreiben Sie, was Ihren kreativen Ausdruck einzigartig macht. Wie drücken Sie sich aus? Über Musik, Tanz, Lyrik, Hobbys, Sammlungen, Kunst oder Handwerk? Vielleicht schreiben Sie, schaffen Skulpturen, gärtnern oder dekorieren gern? Welche Werte lenken Ihre Entscheidungen?

✓ **Karriere:** Stellen Sie sich den Job vor, in dem Sie in naher Zukunft arbeiten. Welche Verantwortung haben Sie, in welchem Umfeld arbeiten Sie und was haben Sie erreicht? Welche Werte führen dazu, dass Sie mit der Arbeit zufrieden sind?

✓ **Geld:** Überlegen Sie sich, welchen finanziellen Status Sie sich für die nahe Zukunft wünschen. Wie gehen Sie mit Geld um? Wofür geben Sie Geld aus? Welche Werte bestimmen, wie Sie Ihre finanziellen Ressourcen nutzen?

TEIL DREI

DIE VIER ANWENDUNGEN DER ACHTSAMKEIT

KAPITEL 11

ACHTSAMKEIT FÜR DEN KÖRPER

Ein Gefühl ist die Reaktion des Körpers auf den Geist.

Eckhart Tolle, Autor

Der Körper ist klüger als die weiseste Philosophie.

Friedrich Nietzsche, Philosoph und Dichter

Als klinischer Psychologe interessieren mich natürlich mentale Gesundheit und der Zusammenhang zwischen Körper und Geist. Vor allem aber finde ich spannend, welchen enormen Einfluss psychologische Mechanismen auf den Körper haben und umgekehrt. In den neun Jahren meiner Ausbildung habe ich allerdings sehr wenig über den Zusammenhang zwischen Körper und Seele gelernt.

Ich habe gelernt, wie die Gedanken die Gefühle bestimmen und welche mentalen Erkrankungen und Leiden sie erzeugen können. Ich weiß sehr viel über positive Psychologie und die Bedeutung einer optimistischen Sichtweise. Doch ich weiß nur wenig darüber, wie der Körper die Seele beeinflusst und eine Verbindung zu ihr herstellt.

So habe ich zum Beispiel nie gelernt, wie der Atem sich auf das vegetative Nervensystem auswirkt, Angst steuert und mentale Zustände reguliert (mehr dazu finden Sie in Kapitel 15). Auch wurde nicht gelehrt, wie der Körper Bewusstseinszustände verändert und den Geist so beeinflussen kann, dass er optimal funktioniert.

Glücklicherweise stehen die heutige Medizin und klinische Psychologie einem integrativen Ansatz zu Gesundheit und Wohlbefinden aufgeschlossener gegenüber. Beide Disziplinen wissen heute, dass die Vorgänge in unserem Körper unseren Geist beeinflussen und umgekehrt.

DER KÖRPER HAT EINE EIGENE SEELE

Jede Achtsamkeitsübung beginnt damit, dass Sie Ihre Aufmerksamkeit auf den Körper lenken und Ihre Sinne spüren – Sehen, Hören, Fühlen, Schmecken und Riechen. Diese dienen als Zugang zu einer bewussteren Wahrnehmung Ihrer unmittelbaren physischen Umgebung.

Gelegentlich wird behauptet, der Körper habe eine eigene Seele. Der französische Philosoph Michel de Montaigne bemerkte zum Beispiel, dass unser Gesichtsausdruck unsere geheimen Gedanken verrät; die Haare stehen zu Berge, das Herz rast und der Darm und Schließmuskel »öffnen und schließen sich in ihrem [eigenen] Rhythmus, unabhängig von unseren Willen oder sogar gegen unseren Willen.«[18] Natürlich wissen wir, dass die meisten dieser Phänomene vom vegetativen Nervensystem gesteuert werden, das wir kaum durch unseren Willen kontrollieren können. Der Körper ist ein mächtiges Werkzeug, mit dem wir unseren Geisteszustand erkennen und beeinflussen können. Daher gibt mindestens drei Gründe, sich näher damit zu beschäftigen.

1. DIE EINHEIT VON KÖRPER UND GEIST

Ganz grundlegend ist der Körper für Ihre körperliche und emotionale Gesundheit und Ihr Wohlbefinden wichtig. Durch den gestressten und anspruchsvollen Lebensstil der heutigen Zeit sind wir eher »kopfgesteuert« und neigen dazu, das Wohlbefinden unseres Körpers zu vernachlässigen. Schlechte Ernährung, mangelnde Bewegung, zu wenig Schlaf und schlimmstenfalls schlechte Gewohnheiten wie ... Ich glaube, wir kennen sie alle! Das alles geht auf Kosten unserer mentalen und körperlichen Gesundheit. Diese Neigung zur Vernachlässigung des Körpers geht zudem einher mit einem schlechten Verhältnis zum eigenen Körper. Viele Menschen scheinen ihm nur dann Aufmerksamkeit zu schenken, wenn er weh tut, nicht richtig oder aber besonders gut funktioniert.

Wenn Sie achtsam mit Ihrem Körper umgehen, erkennen Sie, dass Sie ein körperliches Wesen sind und dass Ihr Körper und Ihr Geist zusammengehören. Nimmt der Körper nur Platz zwei hinter der Seele ein, widerspricht das der Physiologie und verursacht Unbehagen.

2. DAS FRÜHWARNSYSTEM

Das vegetative Nervensystem unterscheidet nicht zwischen verschiedenen Ursachen für Erregung, wie körperlichen Schmerzen oder emotionalen Zuständen wie Angst und Sorge, oder nervöser Anspannung. All diese Zustände können ähnliche körperliche Empfindungen auslösen. Sie selbst spüren den Unterschied zwischen den körperlichen Reaktionen bei Stress (erhöhter Herzschlag, schnellerer Atem, Anspannung, Angst, Nervosität oder Panik) und den körperlichen Empfindungen bei Ruhe und Entspannung. Ihr Körper erkennt jedoch oft Ihre Gefühle und Gedanken, bevor Sie sie bewusst wahrnehmen. So spüren wir eine Enge in der Brust oder einen verkrampften Kiefer, bevor uns bewusst ist, dass wir ärgerlich sind. Oder wir werden rot, bevor uns unsere Verunsicherung oder Verlegenheit klar wird.

Wenn Sie achtsam mit Ihrem Körper umgehen, schenken Sie den körperlichen Erfahrungen, den angenehmen und den unangenehmen, mehr Aufmerksamkeit, und das, ohne sie zu werten. Mit dieser neutralen Beobachtung erkennen Sie, was dem emotionalen oder konzeptuellen Inhalt Ihrer Erfahrung zugrunde liegt, und können eine andere Beziehung zu ihr entwickeln.

Der Körper fungiert dabei als eine Art Frühwarnsystem, mit dessen Hilfe Sie besser auf die Umstände *antworten* können, statt zu *reagieren*. Der Psychologe Paul Ekman beschreibt dies als »den Raum zwischen Funke und Flamme«. Damit meint er Folgendes: Je früher Sie den Funken eines Gefühls wie Ärger physiologisch wahrnehmen (eventuell aufgrund erhöhten Herzschlags oder eines Engegefühls in der Brust), umso erfolgreicher können Sie die automatische Reaktion unterbrechen und verhindern, dass sich das Gefühl zu einer Flamme destruktiven Verhaltens entwickelt.

3. ACHTE AUF DEINEN KÖRPER, DANN PFLEGST DU DEINEN GEIST

Es gibt einen weiteren Grund, warum Sie Ihrem Körper mehr Aufmerksamkeit schenken sollten, um einen zufriedeneren Geist zu entwickeln. Die Neurowissenschaft hat festgestellt, dass einige Teile des Gehirns über die sogenannte »reziproke Hemmung« verknüpft sind, was bedeutet, dass die Aktivität in einem Teil des Gehirns die zeitgleiche Aktivität im anderen Teil hemmt. Laut den Neurowissenschaftlern Rick Hanson und Richard Mendius funktionieren die unterschiedlichen Seiten des Gehirns, also die linke und die rechte Hemisphäre in gewisser Weise so.

Wenn durch entsprechende Aktivitäten, wie die bewusste Wahrnehmungen des körperlichen Zustands, Bereiche der rechten Hemisphäre stimuliert werden, werden die verbalen Zentren der linken Hemisphäre, die für verbale Äußerungen zuständig sind, tatsächlich »stummgeschaltet«.[19]

Daher können Sie die Achtsamkeit für den Körper immer dann als Anker nutzen, wenn der Geist im »Erzähl- oder Grübelmodus« gefangen ist – wie der Neurowissenschaftler Norman Farb das nennt. Stellen Sie sich vor, Sie genießen gerade an einem Sonntagmorgen einen Spaziergang im Park. Statt die Umgebung zu genießen und sich Ihrer Freizeit zu erfreuen, grübeln Sie über einen Vortrag nach, den Sie in der nächsten Woche halten müssen, und versuchen sich vorzustellen, wie dieser wohl ablaufen wird.

Wenn Sie Ihre Aufmerksamkeit in den »Erfahrungsmodus« schalten, in dem Sie sich stattdessen auf die körperliche Empfindung der Wärme der Sonne, den frischen Wind in Ihrem Haar oder den

Gesang der Vögel konzentrieren, wird der narrative Nervenschalt-kreis ausgeschaltet. Farb konnte mit seiner Forschung zeigen, dass Menschen, die Achtsamkeitsübungen für den Körper prakti-zieren, den Unterschied zwischen diesem Erzähl- und dem Erfah-rungsmodus zumindest besser wahrnehmen. Noch viel spannen-der ist, dass sie auch einfacher zwischen diesen Modi umschalten können. Daher bietet uns die Achtsamkeit einen Anker, mit dem wir unsere Erfahrungen erden und unsere Stimmung wirksamer beeinflussen können.

DIE KÖRPERREISE

Für die Achtsamkeitsübung der Körperreise beginnen Sie wie immer mit dem Atem. Achten Sie darauf, wie Sie das Atmen im Bauch, in der Brust, im Hals und in der Nase spüren. Anschlie-ßend verschieben Sie Ihre Aufmerksamkeit systematisch von einer Empfindung des Körpers zur nächsten. Eine genauere Anleitung zur Körperreise-Meditation finden Sie im Kasten »Die Praxis« oder auf der Website, wo Sie die englischsprachige MP3-Datei *The Body Scan Meditation* herunterladen können. Eine Anleitung in deutscher Sprache finden Sie zum Beispiel auf YouTube unter https://www.youtube.com/watch?v=RLCg4mkhlAg.

DIE PRAXIS

Die Körperreise-Meditation

In dieser Übung entspannst du noch mehr und machst dich vertraut mit deinen körperlichen Erfahrungen. Wir üben die Körperreise. Du wirst eine Reise durch deinen Körper unternehmen und dich dabei beobachten. An manchen Stellen hältst du einige Minuten inne.

Setz dich auf einen Stuhl oder ein Kissen oder leg dich auf eine Matte und finde eine bequeme Position. Komm in der Position an, für die du dich entschieden hast. Schließ deine Augen.

Werde dir zunächst bewusst, was du im Körper fühlst. Entspanne all deinen Muskeln und lass sie einfach locker werden. Lass los.

Wenn sich dein Körper entspannt und dein Geist ruhig wird, stell dir das Ziel deiner Aufmerksamkeit wie einen Scheinwerfer vor. Richte sein Licht auf deine Füße. Was spürst du in deinen Füßen?

Beobachte, wo deine Füße zum Beispiel Kontakt zum Boden oder zu einem anderen Körperteil haben.

Richte nun deine Aufmerksamkeit auf das linke und auf das rechte Bein. Ist es angespannt? Wie fühlt es sich an? Nun wanderst du zu deinem Po, deinem Becken und den Hüften. Was spürst du hier?

Verschiebe deine Aufmerksamkeit auf den unteren Rücken und den unteren Bauch. Wie fühlt sich dein Rücken an? Was empfindest du im Bauch, vor allem, wenn dein Atem ein- und ausströmt?

Nun geht es hinauf zum Zwerchfell, dem unteren Rippenbogen. Spüre besonders, wie sich der Solarplexus und deine Brust anfühlen. Spüre, wie sich dein Brustkorb beim sanften Ein- und Ausatmen hebt und senkt. Dein Aufmerksamkeits-Scheinwerfer leuchtet nun durch deine Brust auf deinen oberen Rücken.

Weiter geht es zu den Schultern und die Arme herunter. Nun konzentriere dich auf deinen Nacken und wandere über die Rückseite deines Kopfes zum Scheitel.

Bewege dich über die Stirn zu den Augenrändern und zur Nase, über die Wangen und weiter herunter zum Mund und zum Kinn. Vergrößere die Fläche über das ganze Gesicht und spüre deine Lippen. Nimm dir Zeit, um deinen ganzen Kopf zu spüren und nimm alle Empfindungen offen wahr.

Wandere noch einmal zum Scheitel zurück. Und nun scanne schnell deinen ganzen Körper in wenigen Sekunden von der Oberseite des Kopfes bis zu den Zehenspitzen. Komm wieder zurück zum Kopf und husche noch ein zweites Mal durch deinen ganzen Körper. Unternimm diese schnelle Reise noch ein drittes Mal. Spüre, wie der Atem von oben nach unten durch deinen Körper fließt und nimm deinen Körper als Ganzes wahr.

Weite dein Bewusstsein nun auf die taktilen Empfindungen an der Oberfläche deiner Haut vom Kopf über die Schenkel bis in die Zehenspitzen aus. Konzentriere dich ganz auf diese Empfindungen.

Öffne nun langsam deine Augen. Bleib weiter konzentriert und nimm mit dem gleichen Bewusstsein und der gleichen Ruhe wahr, was du siehst. Welche Farbe und Formen siehst du?

KAPITEL 12

ACHTSAMKEIT FÜR DIE GEDANKEN UND GEFÜHLE

Unser Leben ist das, wozu es das Denken macht – und wir steuern unser Denken. Weise alle unwillkommenen Gedanken zurück und schon hast du deine Ruhe wieder. Sei wie ein Seefahrer, der den Fels umrundet, um ruhiges Wasser und eine wellenlose Bucht zu finden.

Mark Aurel, römischer Imperator und stoischer Philosoph

Wenn wir unseren Körper achtsam behandeln, nehmen wir unweigerlich bewusster wahr, was in unserem Geist geschieht. Das haben wir im letzten Kapitel erfahren. In diesem Kapitel werden wir nun überlegen, wie wir mithilfe achtsamer Gefühle und Gedanken größere psychologische Flexibilität entwickeln und Leid mindern können.

WO NICHTS KAPUTT IST, GIBT ES NICHTS ZU REPARIEREN

Wie in Kapitel 10 beschrieben, gehen die meisten psychologischen Modelle im Westen davon aus, dass der Mensch geschädigt ist. Unangenehme Gedanken und Gefühle gelten als psycho-pathologische Symptome, die zu dysfunktionalem Verhalten führen.

Die »Reparatur« oder Korrektur des geschädigten oder gestörten Denkens ist folglich der beste Weg, um Verhaltensweisen zu ändern. Daher konzentrieren sich psychotherapeutische Behandlungen in westlichen Ländern auch darauf, die Symptome zu lindern und falsche, gestörte Denkprozesse durch rationales Denken zu ersetzen.

Tatsächlich neigt unser Gehirn von Natur aus dazu, destruktives Verhalten zu generieren. In der Regel empfinden wir negative Gefühle intensiver und bereitwilliger als positive. Selbst an den glücklichsten Tagen unseres Lebens können wir schmerzliche Erinnerungen haben oder uns in ängstlichen Zukunftsprognosen ergehen. Mit der Hochzeit meiner Tochter habe ich kürzlich einen solchen glücklichen Tag erlebt. Doch während der Trauung überkam mich plötzlich ein tief trauriger Gedanke: »Und wenn sich die beiden wieder trennen?«

Wir sind doch alle gleich: Egal wie gut unser Leben läuft – wir sind empfänglich für Gedanken und Gefühle, die Schmerz und in der Folge auch häufig dysfunktionales Verhalten erzeugen.

Wie bereits in Kapitel 6 erwähnt, basiert Achtsamkeit auf einem ganz anderen psychologischen Konzept des Selbst. Dieses Selbst mit all seinen Gedanken und Gefühlen gilt nicht als defekt und reparaturbedürftig. Stattdessen stellt die Achtsamkeit infrage, ob das Selbst eine unabhängige, beständige Einheit ist. Und wo nichts kaputt ist, gibt es nichts zu reparieren. Versuchen Sie also nicht, etwas zu reparieren, das objektiv gar nicht existiert. Als achtsamer Menschen ist es lediglich Ihr Ziel, Ihre Beziehung zu Ihren Gedanken und Gefühlen zu verändern.

BINDUNG UND ABNEIGUNG

Die östliche Psychologie erkennt zwei mentale Prozesse als die Ursache aller emotionalen Probleme. Der erste ist die Bindung – die Tendenz, sich eng an angenehme Gedanken und Gefühle zu binden und sie für immer festzuhalten. Der zweite Prozess ist die Vermeidung – die Neigung, alles beiseite zu schieben, was uns nicht gefällt, und es mit allen Mitteln zu vermeiden.

Daniel Wegner, Psychologe der Harvard University, hat zur Strategie der Vermeidung interessante Forschungsergebnisse erzielt. Eines Tages stieß er auf ein düsteres, aber spannendes Zitat in Dostojewskis Essay *Winterliche Aufzeichnungen über sommerliche Eindrücke*: »Stelle dir diese Aufgabe: Denke nicht an einen Eisbären. Und du wirst sehen, dass dieses verfluchte Ding jede Minute in deinem Kopf sein wird.« Daraufhin unternahm Wegner verschiedene Experimente, in denen er die Teilnehmer bat, in einem Raum Platz zu nehmen und an nichts anderes zu denken als an den Eisbären von Dostojewski. Es zeigte sich, dass die Unterdrückung unerwünschter Gedanken einen »Rückschlageffekt« auslöste, bei dem sich sowohl die Intensität als auch die Häufigkeit des unerwünschten Gedankens steigern.

Laut der Achtsamkeitslehre führen beide Prozesse – sowohl der verzweifelte Versuch, eine Erfahrung zu vermeiden, als auch das Festhalten an einer Erfahrung – dazu, dass wir gegenüber emotionalem Schmerz verletzlicher werden. Schmerz ist ein unvermeidlicher Teil menschlicher Erfahrungen, aber das intensive *Leid*, das wir erfahren, ist eine Art »Bonus« (oder vielleicht eher »Malus«?), den wir erhalten, weil wir an unseren Erfahrungen festhalten und sie bewerten.

Achtsam zu leben bedeutet, dass Sie Gefühle empfinden, Gedanken zulassen und das Leben erfahren sollen, aber ohne sich allzu sehr auf die mentalen Narrative darüber, wie etwas »sein« oder »nicht sein« soll, einzulassen. Wenn Sie gelassener werden möchten, müssen Sie lernen, nicht alles »reparieren« zu wollen. Sie dürfen Ihre Erfahrungen mit der äußeren Wirklichkeit nicht ständig kontrollieren und versuchen, unangenehme Gedanken durch angenehmere zu ersetzen.

GEDANKEN UND GEFÜHLE ALS MENTALE EREIGNISSE

Wir können also nicht aufhören zu denken. Dann muss der nächste Schritt darin bestehen, dass wir unsere Gedanken sozusagen »in Echtzeit« wahrnehmen, also in dem Moment, in dem sie auftreten. In der Achtsamkeitsübung gegen das Grübeln beobachten Sie Ihre Gedanken und Gefühle und sehen sie einfach als mentale Ereignisse an, genauso, wie Sie ein äußeres Ereignis wie zum Beispiel das Wetter betrachten.

Das scheint einfach, aber bitte vergessen Sie nicht, dass Sie Ihr Denken nicht ausschalten können. Es scheint sogar so einfach, dass man denkt, man sei sich des Denkens bewusst. Denken Sie bitte einen kurzen Moment an Ihren Atem. Sehr wahrscheinlich wird Ihnen erst in dem Augenblick, in dem Sie Ihre Aufmerksamkeit darauf lenken, bewusst, dass Sie atmen. Wenn wir nicht vom Atmen abgehalten werden, dann vergessen wir einfach, dass wir es tun.

Und das Gleiche gilt für das Denken. Es geschieht automatisch, wir vergessen, dass wir es tun, und bemerken es deshalb gar nicht. Im Gegensatz zum Atmen kann dieses unbewusste Denken viel emotionalen Schmerz auslösen. Zwischen dem Inhalt Ihrer Gedanken und den Gefühlen, die Sie empfinden, wie etwa Traurigkeit, besteht ein direkter Zusammenhang. Versuchen Sie nur einmal, ängstlich zu sein, ohne ängstliche Gedanken zu haben!

DIE GESCHICHTE DER BEIDEN DART-PFEILE ... AUTSCH!

Körperlicher Schmerz ist unvermeidlich. Er fungiert als Warnsystem, mit dessen Hilfe wir Gefahren umgehen. In der Achtsamkeitslehre wird er häufig als der »erste Dart-Pfeil« des Daseins bezeichnet. Dieser erste Dart-Pfeil steht für das Leid, das wir alle kennen, schon allein deshalb, weil wir Menschen sind. Das Leben ist eine Quelle des Schmerzes, weil anstrengende und unerwünschte körperliche und emotionale Erfahrungen unvermeidlich auftreten. Doch durch unsere Reaktion auf diese Erfahrungen machen wir sie häufig schlimmer, als sie tatsächlich sind. Und diese Reaktionen werden in der Achtsamkeitslehre als »zweiter Dart-Pfeil« bezeichnet.

Auf die Gefahr hin, ihren tiefen existenziellen Wert zu banalisieren, möchte ich näher auf diese Erkenntnis eingehen. Kürzlich bin ich mitten in der Nacht aufgestanden und auf ein Lego-Teil getreten, das sich im weichen Teppich versteckt hatte. Glauben Sie mir – das fühlte sich wirklich an wie ein Dart-Pfeil! Doch meine verärgerte Reaktion »Wer hat dieses blöde Lego-Teil hier liegengelassen?« war definitiv der zweite Dart-Pfeil. Natürlich ist der erste Pfeil unangenehm, aber unser Leid entsteht erst durch den zweiten Dart-Pfeil der Reaktionen. Wenn wir achtsam fühlen und denken, wird uns bewusst, dass dieser zweite Dart-Pfeil optional ist. Ein Pfeil, den wir auf andere Menschen ebenso wie auf uns selbst abschießen.

Es gehört doch zu den Wahrheiten über die Menschen: Häufig erleben wir Dinge, die wir nicht erleben möchten. Und selbst wenn wir bekommen, was wir wollen, können wir es nicht für immer bewahren. Wenn wir mit aller Kraft versuchen, schlechte Erfahrungen zu vermeiden, und uns an den guten festklammern, verursachen wir unnötigen Schmerz. Doch wenn wir achtsam und bewusst darauf schauen, was wir bei bestimmten Erfahrungen denken und fühlen, können wir verhindern, dass diese Gedanken und Gefühle sich in unseren Reaktionen zu einer Kaskade von zweiten Dart-Pfeilen entwickeln.

Auf keinen Fall möchte ich damit suggerieren, dass Aufregung oder Leidenschaft im Leben und auch Ärger über eine Ungerechtigkeit der Achtsamkeit widersprechen. Die zweiten Dart-Pfeile werden nur dann problematisch, wenn sie zur Gewohnheit werden und einen dauerhaften Zustand von Erregung und Stress verursachen. Bei allen körperlichen Auswirkungen, die wir uns in Kapitel 15 anschauen werden, sind es in der Regel die zweiten Dart-Pfeile, die sich negativ auf unser emotionales Wohlbefinden auswirken.

ACHTSAMKEITSÜBUNG GEGEN DAS GRÜBELN

Für die Achtsamkeitsübung gegen das Grübeln beginnen Sie wie immer mit dem Atem. Achten Sie darauf, wie Sie den Atem im Bauch, in der Brust, im Hals und in der Nase empfinden. Lassen Sie nun Ihre Aufmerksamkeit systematisch von einer Empfindung zur nächsten und durch den ganzen Körper wandern. Sie können dazu wie in der Meditationsübung gegen Grübeln im Kasten »Die Praxis« vorgehen oder die englischsprachige MP3-Datei *Mindfulness of Thoughts and Feelings* mit einer Anleitung von der Website herunterladen. Eine deutschsprachige Anleitung finden Sie zum Beispiel auf YouTube unter https://www.youtube.com/watch?v=G6je6L5uEzA.

DIE PRAXIS

Meditation gegen das Grübeln

Setz dich auf einen Stuhl oder ein Kissen oder leg dich auf eine Matte und finde eine bequeme Position. Entspanne deine Bauchmuskeln, damit die Luft beim Atmen in den Bauch strömen kann, sodass sich die Bauchdecke bei jedem Einatmen hebt. Entspanne deine Schultern und lege die Hände bequem in den Schoß oder an die Seite deines Körpers.

Schließ deine Augen oder lass sie etwas geöffnet und starre auf einen Punkt vor dir.

Lass alle Muskeln in deinem Körper locker und finde eine bequeme Haltung für deinen Körper.

Lenke deine Aufmerksamkeit nun genau darauf, wie der Atem in deinen Körper hinein- und wieder herausströmt. Lass deinen Atem seinen natürlichen Rhythmus finden, ohne ihn zu kontrollieren – wie Wellen, die an die Küste branden.

Dein Körper wird ganz ruhig, wie ein Fels.

Weite deine Aufmerksamkeit auf die Gedanken aus und stell dir deinen Geist als riesigen Raum vor. Konzentriere dich auf diesen mentalen Raum und betrachte die große Leere. Dieser Raum ist wie eine riesige Kinoleinwand. Sitze einfach nur da und beobachte. Warte bis ein Gedanke kommt. Schau ihn dir an, als würde er auf der Leinwand erscheinen. Achte auf alle Gedanken, die dir einkommen. Sind es Gedanken über die Zukunft oder die Vergangenheit?

Betrachte sie als mentale Ereignisse, von denen du nicht eingefangen wirst und die du nicht jagst. Schau sie dir nur einen Moment lang an und lass sie wieder gehen. Sie schmelzen dahin oder werden wie eine Wolke vom Wind weggepustet. Konzentriere dich auf deinen Gedankenraum.

Egal was in diesem Raum auftaucht – ein Gedanke, ein Bild oder sogar ein Gefühl –, schau es dir einfach an, ohne darauf zu reagieren. Lass die Gedanken einfach in ihrem Rhythmus kommen und gehen.

Es ist ganz normal, wenn du dich auf Gedanken einlässt und von ihnen fortgetragen wirst. Mithilfe der Selbstbeobachtung erkennst du, wenn dich ein Gedanke – vielleicht eine dramatische Situation auf der Leinwand – fesselt. Wenn dir das bewusst wird, entspanne dich, kehre auf deinen Platz zurück und betrachte wieder die leere Leinwand deines Geistes. Manche Gedanken rufen starke Emotionen hervor, angenehme oder unangenehme. Nimm diese Gefühle so gut wie möglich wahr und lass sie wieder ziehen.

Konzentriere dich nun auf die Intervalle zwischen den Gedanken, auf die große Leere des Geistes, aus der die Gedanken entstehen und in die sie sich wieder verziehen.

Sobald du bemerkst, dass du unkonzentriert oder blockiert bist oder ins Grübeln gerätst, kannst du immer zum achtsamen Atmen zurückkehren und deinen ganzen Körper wahrnehmen. Sitze einfach nur da, atme und richte deine ganze Aufmerksamkeit auf den jetzigen Augenblick.

Schließ die Übung ab, indem du drei lange, langsame und tiefe Atemzüge nimmst. Atme aus. Lass die Luft ohne Druck herausströmen und achte dabei darauf, was du im Körper fühlst.

Öffne nun langsam die Augen und nimm deine Umgebung wahr. Wie fühlst du dich jetzt?

KAPITEL 13

ACHTSAMKEIT UND EMOTIONALE INTELLIGENZ

Zwischen Reiz und Reaktion gibt es eine Leerstelle. Genau hier können wir über unsere Reaktion entscheiden. In unserer Reaktion liegen unser Wachstum und unsere Freiheit.

Victor Frankl, Neurologe und Psychiater

Von Zeit zu Zeit tauchen Ideen auf, die die Welt wirklich verändern. Emotionale Intelligenz ist eine dieser Ideen, die unser vermeintliches Wissen darüber auf den Kopf gestellt hat, wie Menschen Informationen verarbeiten – also Entscheidungen treffen, Stress bewältigen, Innovationen entwickeln, andere Menschen führen und erfolgreich beeinflussen.

Das Konzept der emotionalen Intelligenz blickt auf eine lange Forschungstradition zurück, wurde aber erst 1995 weithin bekannt, als der amerikanische Journalist Daniel Goleman seinen ersten Bestseller zu diesem Thema schrieb. Doch eine der besten Definitionen emotionaler Intelligenz stammt von zwei Wissenschaftlern, die als erste das theoretische Gerüst beschrieben, John D. Mayer und Peter Salovey:

»Die Fähigkeit, die eigenen Gefühle und die Gefühle anderer zu beobachten und sie zu unterscheiden und das eigene Denken und die eigenen Tätigkeiten mithilfe dieses Wissens zu steuern.[20]

Nach dieser Definition umfasst emotionale Intelligenz zwei Fähigkeiten: 1. Bewusst erkennen, wie die Emotionen anderer und unsere Emotionen das Verhalten steuern, und 2. die Fähigkeit entwickeln, emotional und sozial begründete Probleme emotional intelligent zu lösen.

Goleman hat sein Buch *Emotional Intelligence* (Emotionale Intelligenz) vor etwa 20 Jahren veröffentlicht und seine Thesen wurden im 2010 veröffentlichten *Emotional Capital Report*[TM] (ECR) erneut aufgegriffen und untersucht.[21] Das daraus entstandene Emotional-Capital-Modell bestätigt auch die früheren Schriften Golemans über das Thema Achtsamkeit und die Notwendigkeit, Aufmerksamkeit in drei Bereichen zu trainieren. Er nannte diese Bereiche den »Triple Focus« (Dreifacher Fokus).

INNERER FOKUS – SELBSTERKENNTNIS UND SELBSTKONTROLLE

Im *Dreifachfokus*-Modell von Goleman geht es zunächst um den *inneren* Fokus, mit dem sich ein höheres Maß an Selbsterfahrung entwickeln lässt. Selbsterfahrung ist die Grundlage für emotionale Intelligenz, denn sie bildet die Plattform für das Verständnis und den Aufbau aller anderen Kompetenzen in dem Modell.

Wir arbeiten in unserem Ansatz zur emotionalen Intelligenz zunächst mit Achtsamkeit,. Der Kern der emotionalen Intelligenz ist schließlich die Fähigkeit, die eigenen Gefühle und Gedanken beobachten zu können.

Mithilfe von Achtsamkeit gelangen wir jedoch über die Selbsterfahrung hinaus, weil sie zu mehr Selbsterkenntnis führt. Daher bezeichnen wir in unserem Modell Selbsterfahrung mit »Selbsterkenntnis«. Und wie bereits in den Kapiteln 11 und 12 gezeigt, beginnt das Bewusstsein für die Gefühle damit, dass Sie Ihre Aufmerksamkeit auf kleinste physiologische Reaktionen in Ihrem Körper richten. Anschließend üben Sie, Ihre Gedanken und Gefühle objektiv und wertfrei zu betrachten. Diese internen Hinweise Ihres Körpers und Geistes genau zu entziffern, ist der Schlüssel zu emotional intelligentem Verhalten.

Goleman erklärt dazu: »Das Gehirn verbirgt ein tiefes Gefühl für den Zweck und die Bedeutung ... in subkortikalen Arealen – also den Bereichen, die kaum mit den verbalen Arealen des Neokortex, aber eng mit dem Bauch verknüpft sind. Wir erkennen unsere Werte, weil wir zuerst ein Bauchgefühl dafür haben, was richtig und was falsch sein könnte. Erst dann können wir diese Gefühle auch artikulieren.«[22] Die Selbsterkenntnis hängt damit davon ab, ob Sie sich selbst objektiv betrachten können. Dazu müssen Sie Ihre Gedanken und Gefühle aus der Perspektive einer dritten Person untersuchen. Sie dürfen sich vom Gefühl nicht einfangen lassen, sich nicht damit identifizieren, sondern müssen es einfach klar und objektiv betrachten. Wenn Sie mithilfe von Achtsamkeit eine feste, klare, wertfreie Aufmerksamkeit entwickeln, sind Sie auf dem besten Weg zur Selbsterkenntnis.

SELBSTKONTROLLE: DER RAUM ZWISCHEN FUNKE UND FLAMME

Natürlich erfordert die Fähigkeit, Gefühle wahrzunehmen und gut zu »verwalten«, noch ein zweites Element der emotionalen Intelligenz: die Selbstkontrolle. Wenn Sie in der Lage sind, sich selbst zu kontrollieren, bleiben Sie auch in Krisensituationen ruhig, bewältigen Ihre Angst und erholen sich von Rückschlägen.

Vor einigen Jahren hatte ich eine Kundin, die Flugbegleiterin war. Sie wurde von einem australischen Gericht zu mir geschickt, weil sie einen Passagier mit einer Flasche Wein attackiert hatte. Es stellte sich heraus, dass sie eine lange Vorgeschichte mit impulsivem Verhalten aufwies und es schon mehrere Vorfälle gegeben hatte, allerdings waren diese »Ausbrüche« nie so dramatisch (oder für ihre Karriere entscheidend!) gewesen wie dieser.

Über die Jahre hatte sie bereits Unterstützung von Therapeuten erhalten und in gewissem Maße gelernt, sich selbst zu kontrollieren. Dazu musste sie ärgerliche Gedanken sozusagen abfangen, bevor diese zu einer zerstörerischen Aktion führten. Doch wenn sie ihren Ärger erkannte, war es oft schon zu spät und der Schaden war angerichtet.

Ich lehrte sie, ihren Ärger mithilfe der Körperreise zu erkennen, denn das Gefühl stand in engem Zusammenhang mit ihrem Körper. So lernte sie recht bald, dass ihr Atem vor einem »Anfall« flach und beschleunigt wird und sie ihre Zähne fest aufeinanderpresst – das perfekte Frühwarnsystem für ihren schnell aufsteigenden Ärger. Mit diesem Wissen kann sie schnell reagieren und sich aus der potenziellen Reaktion, also ihrem impulsiven und aggressiven Verhalten, zurückziehen, bevor es »ausbricht«. Dies ist ein klassisches Beispiel für das Konzept von »Funke und Flamme« von Ekman, das ich Ihnen an früherer Stelle vorgestellt habe.

Selbstkontrolle ist also ein wichtiges Werkzeug, um aggressive Ausbrüche zu vermeiden, hat aber eine vielleicht noch größere Bedeutung für ein erfülltes und erfolgreiches Leben. Sie wirkt wie ein Hebel, mit dem Sie Willenskraft und Selbstdisziplin »einschalten« und alle störenden Gefühle »ausschalten«, um sich ganz auf Ihre wichtigen Ziele zu konzentrieren. Seit der bemerkenswerten Studie mit Kindern und Marshmallows von Walter Mischel aus den 1960er Jahren gab es zahlreiche Studien, die zeigen, wie sehr Selbstkontrolle unser Leben beeinflusst.[23]

Der legendäre »Marshmallow-Test« ist wahrscheinlich den meisten von Ihnen bekannt: Der Psychologe Walter Mischel lud Vorschulkinder an die Bind Nursery School der Stanford University zu einem Spiel ein. In einem Raum wurden den Kindern einzeln ein Tablett mit Marshmallows oder anderen Belohnungen gezeigt. Sie durften wählen, ob sie ein Marshmallow sofort essen oder allein 20 Minuten warten wollten, um dann zwei Marshmallows zu bekommen. Etwa ein Drittel der Kinder nahm und verspeiste das Marshmallow sofort, ein weiteres Drittel hielt das Warten wenige Minuten aus und das dritte Drittel wartete tatsächlich die ganzen 20 Minuten. Aus dem Verhalten der Kinder lassen sich einige Schlüsse für deren zukünftiges Leben ziehen. Je länger sie im Alter von vier oder fünf Jahren warten können, desto größer sind ihre spätere akademische Leistung und ihr Selbstvertrauen und desto besser können sie im späteren Leben mit Frustration und Stress umgehen. Goleman kommentierte später: »Selbstkontrolle ist die

›Master-Fähigkeit‹ und ein Grundpfeiler emotionaler Intelligenz, der für den Aufbau eines erfüllten Lebens wichtig ist.«

DER ANDERE FOKUS – EMPATHIE

Ein zweiter Kernbereich der emotionalen Intelligenz ist die Beobachtung der Gefühle und Erfahrungen *anderer* Menschen. Sie ist die Grundlage für emotionale Fähigkeiten wie Empathie und Beziehungsfähigkeit.

Natürlich müssen Sie Ihre eigenen Gefühle und Erfahrungen kennen, bevor Sie die Gefühle und Erfahrungen anderer Menschen verstehen können. Daher überrascht es auch nicht, dass Personen, die im ECR einen niedrigen Punktewert im Bereich Selbsterkenntnis erzielten, auch niedrige Empathiewerte erlangten. Empathie ist entgegen der Meinung mancher Menschen keinesfalls ein »psychologischer Softy«.

Im Grunde muss ein empathischer Mensch sowohl der konkreten Wirklichkeit, die eine andere Person beschreibt, Aufmerksamkeit schenken, als auch die emotionalen Dimensionen dieser Person erfassen, also verstehen, welche Bedürfnisse sie hat.

Vor einigen Jahren schlug Heinz Kohut, einer der einflussreichsten europäischen Psychoanalytiker vor, auf psychologischer Ebene zwei grundlegende Bedürfnisse des Menschen zu unterscheiden: verstanden zu werden und bewundert zu werden, wobei das grundlegende Bedürfnis darin liegt, verstanden zu werden. Als empathischer Mensch verstehen Sie nicht nur, was andere Menschen fühlen und erfahren, sondern auch, was sie von Ihnen brauchen. Von den Menschen, die uns wichtig sind, erwarten wir doch alle, dass sie uns verstehen. Menschen, die sich nicht verstanden fühlen, teilen ihre Gedanken, Gefühle und Ideen auch nicht gern.

Empathie hat ihre Wurzeln in Mitgefühl, also buchstäblich »mit fühlen«. Letztendlich basieren Ihre wertvollen Verbindungen und funktionierenden Beziehungen zu anderen Menschen auf Empathie und Mitgefühl.

DER ÄUSSERE FOKUS – DAS GROSSE GANZE

Der dritte Fokusbereich der emotionalen Intelligenz ist der *äußere* Fokus. Nachdem Sie gelernt haben, ihren Körper, Ihre Gedanken und Gefühle und auch die Erfahrungen anderer Menschen achtsam zu betrachten, geht es nun darum, den breiteren Zusammenhängen in der Welt, die Sie umgibt, mit Offenheit zu begegnen. In der klassischen Achtsamkeitslehre wird dabei betrachtet, wie alles zusammenhängt und zusammenarbeitet – *dies* ist geschehen, weil *das* geschehen oder nicht geschehen ist.

Aus Sicht der emotionalen Intelligenz gehört dazu eine gute Portion Optimismus, denn es gilt, mit einem natürlichen Sinn für die sich bietenden Chancen und Gelegenheiten, auf das große Ganze zu schauen. Zyniker lehnen Optimismus häufig als falsche Hoffnung oder Mangel an Realismus ab. Dabei sind Optimisten weit entfernt davon, naiv zu sein oder die Welt durch die rosa Brille zu betrachten. Sie sehen die Realität auf eine Weise, die von Psychologen mit »Erklärungsstil« bezeichnet wird.

Für sie sind Probleme temporär, kontrollierbar und mit einer bestimmten Situation verknüpft und nicht dauerhaft und unlösbar. Meiner Meinung nach hat Melinda Gates in ihrer Abschlussrede für die Stanford-Absolventen die Stärke dieser Sichtweise sehr gut zusammengefasst. Nach dem Besuch eines Tuberkulose-Krankenhauses in Soweto, an das die »Bill and Melinda Gates«-Stiftung Technik zur Steigerung der Überlebensrate geliefert hatte, erklärte sie: »Optimismus heißt für mich, nicht passiv darauf zu warten, dass die Dinge sich zum Guten wenden. Ich bin davon überzeugt, dass wir die Welt besser machen können. Egal welcher Art und wie groß das Leid ist, können wir Menschen helfen, wenn wir die Hoffnung nicht verlieren und nicht wegschauen.«

Ein optimistischer Mensch schaut einfach nicht weg. Für ihn gibt es immer eine Möglichkeit, die Welt besser zu machen, Schaden zu begrenzen, eine alternative Lösung zu finden und Zerstörtes wieder aufzubauen. Mithilfe von Achtsamkeit erkennen und akzeptieren Sie Fakten, ziehen schnell Ihre Schlüsse daraus und erkennen die positiven Chancen, die es zu ergreifen gilt.

In dieser Sichtweise wirkt noch eine zweite emotionale Fertigkeit: die Anpassungsfähigkeit. Ich wiederhole mich, wenn ich sage, dass Achtsamkeit eine flexible Aufmerksamkeit erfordert. Aber damit entwickeln Sie auch geistige Flexibilität und Offenheit gegenüber Veränderungen – eine enthusiastische Neugier auf alles Neue. Wenn Sie sich auf die äußere Welt konzentrieren und Ihre emotionale Intelligenz achtsam pflegen, erkennen Sie zukünftige Möglichkeiten besser und haben Freude daran, sie zu ergreifen.

DIE PRAXIS

✓ Halt inne und schau in dein Inneres, um dich selbst zu prüfen. Was auch immer du dort findest: Beurteile es nicht, sondern beobachte es, selbst wenn es dir nicht gefällt.

✓ Wenn du Schmerz oder Verlust empfindest, sei nicht selbstkritisch, sondern behandele dich selbst freundlich und mit Verständnis, so, wie du anderen begegnen würdest.

✓ Reagiere nicht auf schwierige Situationen, sondern antworte darauf, indem du eine kurze Pause einlegst, bevor du impulsiv sprichst oder handelst.

✓ Nimm dir Zeit, genau zu überlegen, welche Auswirkungen deine Worte und Taten auf andere haben.

✓ Wenn du die Kontrolle zu verlieren drohst, frage dich: »Warum sollte ich kontrollieren, was ich nicht kontrollieren kann?« Konzentriere dich dann auf das, was du kontrollieren kannst – deine Taten.

✓ Wenn du mit anderen Menschen sprichst, schenke ihnen deine ganze Aufmerksamkeit und alle Zeit, die sie benötigen.

✓ Höre genau zu, was sie sagen, und achte auf die Konnotationen, also die emotionalen Auswirkungen.

✓ Betrachte deine Probleme als vorübergehend, kontrollierbar und mit einer bestimmten Situation verknüpft. Schau nach vorn und tue das, was du tun musst, um die Situation zu verbessern, und sei es auch nur ein kleines bisschen.

KAPITEL 14

ACHTSAMKEIT UND GLÜCK

Der Geist ist eine Stätte für sich. Er kann aus dem Himmel eine Hölle und aus der Hölle einen Himmel machen.

John Milton, Das verlorene Paradies

»Was immer an Freude ist in der Welt, entspringt dem Wunsch, andere glücklich zu sehen, und was immer an Leid ist in der Welt, entspringt dem Wunsch, nur selbst glücklich zu sein.«

Shantideva, indischer buddhistischer Mönch und Gelehrter des 8. Jahrhunderts

In Teil III dieses Buches haben wir uns damit beschäftigt, wie Sie Achtsamkeit anwenden können, um mehr Bewusstsein für Ihre körperlichen und geistigen Erfahrungen zu entwickeln, den »Erzähl- oder Grübelmodus« auszuschalten und Situationen und Emotionen im »Erfahrungsmodus« zu betrachten. Damit nehmen Sie bewusster wahr, wie Ihre Gedanken und Gefühle Ihr Verhalten beeinflussen. Darüber hinaus haben Sie erfahren, dass Sie mit größerer Selbsterkenntnis und Selbstkontrolle emotionale Intelligenz aufbauen, mit der Sie wiederum emotionale und soziale Probleme besser lösen und mehr psychologische Flexibilität erreichen. In diesem Kapitel wenden wir uns der Frage zu, welchen Zweck ein achtsames Leben hat. Die Antwort sei vorweggenommen: das wahre Glück.

Zahlreiche große Denker in der Geschichte – von griechischen Philosophen wie Aristoteles und römischen Herrschern wie Mark Aurel bis zu Psychologen wie William James und spirituellen Anführern wie dem Dalai Lama – haben gesagt, dass der Sinn des Lebens im Erreichen des wahren Glücks liegt. Aber woher kommt wahres Glück und wie können wir mithilfe von Achtsamkeit dafür sorgen, dass wir es erreichen?

SCHAU IMMER AUF DIE HELLE SEITE DES LEBENS – SPARTAKUS

Interessanterweise behaupten fast alle Bücher zur psychologischen Selbsthilfe, dass uns Ereignisse in unserem Leben immer nur so berühren, wie wir sie interpretieren. Vorgeblich können wir die Welt auf neue Weise interpretieren und damit auch unser Erleben der Welt ändern. Klingt doch ganz einfach, oder?

Tatsächlich hat diese Idee ihren Ursprung im frühen Stoizismus des dritten Jahrhunderts vor Christus. Auch der römische Kaiser Mark Aurel erklärte: »Wenn du wegen einer äußeren Sache verzweifelt bist, liegt der Schmerz nicht in der Sache selbst, sondern in deiner Sicht darauf. Und diese Sicht kannst du jederzeit verändern.«[24] Allerdings bin ich mir nicht sicher, ob Sklaven wie zum Beispiel Spartakus sich über dieses Memo gefreut hätten!

Es liegt aber auch ein Stück Wahrheit in dieser Idee, die dieser Beobachtung Buddhas ähnelt: »Alles, was wir heute sind, entstammt unseren Gedanken von gestern, und unsere Gedanken heute formen unser Leben von morgen: Unser Leben ist die Schöpfung unseres Geistes.« Stoiker und Buddha sind sich einig: Auf der Suche nach dem Glück sind das Streben nach Äußerlichkeiten und der Versuch, die Welt unseren Wünschen anzupassen, immer flüchtig. Glück lässt sich nur in uns finden, wenn wir unsere emotionale Einstellung zu Ereignissen aufbrechen und neu gestalten. Nur so können wir das Leid vermindern, das sie auslösen, und mehr Wohlbefinden erlangen.

DAS THERMOSTAT DER GEFÜHLE

Sicher wissen Sie bereits, dass die Achtsamkeitslehre davon ausgeht, dass Glück ein Nebenprodukt innerer Gelassenheit ist und nicht das Ergebnis des Strebens nach äußerem Wohlstand und materiellen Errungenschaften. Aber Achtsamkeit heißt nicht unbedingt, auf Materielles verzichten zu müssen. Und sicher sind Armut oder emotionaler und körperlicher Schmerz keine edle oder romantische Geste.

Die Achtsamkeitslehre besagt hingegen, dass nichts, was außerhalb unseres Selbst liegt, Eigenschaften besitzt, die Garant für unser Glück sein könnten. Diese Sichtweise wird von mindestens zwei großen Erkenntnissen aus der Psychologie gestützt.

Die erste Erkenntnis lautet: Die meisten äußeren Faktoren beeinflussen unser Glück deutlich weniger, als wir erwarten würden. Laut dem weltweit als führender Glücksforscher anerkannten Psychologen Ed Diener zeigt die mehr als drei Jahrzehnte lange »Forschung zum subjektiven Wohlbefinden, dass sich die meisten Lebensumstände ... nur geringfügig auf das Glück auswirken.«[25]

Die zweite Erkenntnis baut auf der ersten auf und liefert eine Erklärung dazu: Egal wie sehr wir die äußere Landschaft unseres Lebens durch die Anhäufung von Gegenständen oder Erfolgen verändern, unterliegen wir unabdingbar dem Gesetz des abnehmenden Ertrags oder in den Worten der Wirtschaft: dem »abnehmenden Grenznutzen«.

Natürlich ist das Leben deutlich besser, wenn wir finanziell abgesichert sind, einer sinnvollen Tätigkeit nachgehen, gesund sind und die Liebe von Freunden und Familienmitgliedern erfahren. Doch jahrzehntelange Forschung im Bereich der Psychologie bestätigt es: Sobald unsere grundlegenden Bedürfnisse nach Sicherheit, Komfort und Unabhängigkeit befriedigt sind, kalibrieren wir unsere Erwartungen neu, sodass jeder »Zugewinn« für immer weniger Zufriedenheit sorgt.

Der Psychologe und Neurowissenschaftler Richard Davidson nennt dies unseren »Grenzwert«. Ihm gelang es mithilfe von EEG-Untersuchungen zu zeigen, dass bestimmte Hirnaktivitäten mit positiven Emotionen wie zum Beispiel Glück korrelieren. Davidson wies nach, dass Aktivitäten im linken präfrontalen Kortex des Hirns mit Wohlbefinden zusammenhängen, und zeigte damit, dass jeder von uns an einen Glücksgrenzwert stößt, der wie ein Gefühlsthermostat funktioniert und zudem genetisch verankert zu sein scheint.

Wenn diese beiden Resultate tatsächlich stimmen, dann stecken wir alle in der »hedonistischen Tretmühle«. Psychologen verstehen darunter die Neigung des Menschen, nach glücklichen oder unglücklichen Ereignissen im Leben schnell wieder zu einem Grenzwert des Glücks zurückzukehren.

ACHTSAMKEIT, MÖNCHE UND STIMMUNG

Zum Glück gibt es Hoffnung. Davidson untersuchte die Gehirne tibetischer buddhistischer Mönche, die laut eigenen Angaben ein hohes und nachhaltiges Maß an Glück erlangt hatten. Für diese Studien wurden meditationserfahrene Mönche nach einem speziellen Meditationstraining gebeten, unter kontrollierten Bedingungen zu meditieren, wobei ihnen EEG-Elektroden am Kopf angelegt wurden. Diese Mönche erreichten stabil hohe Aktivitätswerte im linken präfrontalen Kortex, die deutlich über den Werten einer Kontrollgruppe lagen.

Obwohl die meisten von uns nie die Gelegenheit (oder den Wunsch) haben werden, sich in einer Einsiedelei in den Bergen jahrelanger Meditation hinzugeben, zeigen die Ergebnisse von Davidson, dass sogar kurze Meditationsübungen von etwa zehn Minuten pro Tag unseren Glücksgrenzwert in Richtung mehr Wohlbefinden verschieben können. Kurz gesagt: Je mehr Sie meditieren, umso besser beherrschen Sie die Meditation und umso glücklicher fühlen Sie sich.

DIE PSYCHOLOGIE DER VIER UNERMESSLICHEN

Vor kurzem hatte ich Gelegenheit, mit Matthieu Ricard, einem der Mönche, die von Anfang an mit Davidson zusammenarbeiteten, zu Mittag zu essen. Ricard wird im *Time Magazine* als »der glücklichste Mensch der Erde« beschrieben. Natürlich bat ich ihn, mir ein paar Tipps zu geben. Er sagte: »Selbstsüchtig nach dem Glück zu suchen, ist der beste Weg, um unglücklich zu werden.« Da die Achtsamkeitslehre jeden Menschen als ein Teil des großen Ganzen und mit anderen Menschen verknüpft ansieht, ist unser Glück oder Unglück auch eng mit dem Glück oder Unglück anderer verknüpft. Sein Rat lautete daher: »Übe Liebe und Mitgefühl für andere. Das ist eine Win-Win-Situation.«

Ricards Rat entstammt direkt der Achtsamkeitslehre, in der Sie echtes Glück erreichen, wenn Sie ein gutes Herz haben und die vier Haltungen: liebevolle Freundlichkeit, Mitgefühl, Freude und Gelassenheit oder Gleichmut üben. Diese vier Haltungen (auch als die »Vier Unermesslichen« bezeichnet) sind von Natur aus prosozial und dienen dazu, unsere Verbindung zu anderen zu stärken und unsere täglichen Interaktionen zu lenken.

Aus psychologischer Sicht funktionieren sie aufgrund des Prinzips der sogenannten »reziproken Hemmung«. Unser Geist kann zu einem Zeitpunkt einen einzigen Gedanken haben oder eine einzige Haltung einnehmen. Wenn Sie daher regelmäßig Freundlichkeit oder Mitgefühl üben, wirken Sie negativen Gefühlen entgegen. Die vier Haltungen wirken damit wie ein Gegengift gegen Egoismus, Ärger, Hass oder Gleichgültigkeit und öffnen die Tür für mehr Glücklichsein.

Ricards Ratschlag steht auch im Einklang mit vier der größten und fundiertesten Ergebnisse der Glücksforschung.

BEZIEHUNGEN PFLEGEN

1. Die Tiefe und Anzahl unserer Beziehungen zu Menschen und deren Anzahl sind der wichtigste Prädiktor für das Glück.[26] Gute Beziehungen machen den Menschen glücklich, und glückliche Menschen haben mehr und bessere Beziehungen zu anderen als unglückliche Menschen.[27] Wenn Sie also gleich heute damit anfangen, Ihre Beziehungen zu pflegen und zu verbessern, werden Sie mehr positive Emotionen erfahren. Dank dieses größeren Glücksgefühls bauen Sie sofort mehr und wertvollere Beziehungen auf und gelangen damit in die von der Psychologin Sonja Lyubomirsky so genannte »Aufwärtsspirale«.[28]

FREUNDLICH SEIN

2. Lyubomirsky und ihre Kollegen an der University of California zeigten in zahlreichen Untersuchungen, dass sich Glück durch freundliches Verhalten steigern lässt. Nicht nur das Glück anderer Menschen nimmt zu, sondern Freundlichkeit und Großzügigkeit erzeugen auch persönliche Vorteile: Man empfindet zum Beispiel ein stärkeres Gemeinschaftsgefühl, fühlt sich gesegnet und dankbar und sieht sich selbst als altruistischen und mitfühlenden Menschen.

DANKBAR SEIN

3. Dankbarkeit ist der direkte Weg zum Glück. Dankbare Menschen sehen laut Lyubomirsky auch im Schlechten das Gute, danken anderen Menschen gern, sind dankbar für das, was sie haben, genießen jeden Augenblick und nehmen nichts als selbstverständlich hin. Es handelt sich um eine gegenwartsorientierte Haltung, die das Leben dankbar und wertschätzend als Wunder wahrnimmt. Aus Sicht der Achtsamkeit gehören zur Dankbarkeit auch die Freude am Glück anderer Menschen und der Wunsch, dass andere sich gut fühlen und erfolgreich sind.

ACHTSAM IM ALLTAG

4. Die Erkenntnisse der positiven Psychologie bestätigen: Menschen, die sich für die Schönheit und Vorzüglichkeit der Welt um sie herum öffnen, empfinden mit höherer Wahrscheinlichkeit Freude, leben ein erfülltes Leben und knüpfen enge Beziehungen.

Es ist sicher eine Herausforderung, dem Alltag immer wieder mit Ehrfurcht zu begegnen, aber üben Sie diese Sichtweise – sie ist es wert. Viele Alltagstätigkeiten, die Sie einfach so hinnehmen, bieten die Möglichkeit, für die Freuden und Gaben des Lebens dankbar zu sein.

ZUSAMMENFASSUNG

Verbinden Sie Ihre Tätigkeiten, Worte und Gedanken jeden Tag immer wieder bewusst und aktiv mit Freundlichkeit. Versuchen Sie, eine Person – vielleicht ein Familienmitglied oder einen Kollegen –

über einen bestimmten Zeitraum mit liebevoller Freundlichkeit zu betrachten. Steigern Sie Ihre Freude, indem Sie Gründe finden, dankbar zu sein für die reichhaltigen und vielfältigen Erfahrungen, die Ihnen das Leben schenkt. Behandeln Sie andere Menschen freundlich und denken Sie immer daran, dass auch sie ihr Päckchen zu tragen haben. Begegnen Sie allen Menschen wertfrei und objektiv. Erfreuen Sie sich an einfachen Dingen und zerbrechen Sie sich nicht den Kopf über Nichtigkeiten. Und der vielleicht wichtigste Hinweis: Machen Sie Gelassenheit zu Ihrem wichtigsten Ziel und planen Zeit ein, um Ihren Geist durch Achtsamkeit und Meditation zu pflegen.

DIE PRAXIS

✓ Mach Gelassenheit jeden Tag zu deinem wichtigsten Ziel.

✓ Pflege deine Beziehungen, indem du all deinen Freunden regelmäßig Aufmerksamkeit schenkst.

✓ Suche nach kreativen Wegen, so oft wie möglich zu anderen Menschen freundlich zu sein.

✓ Eigne dir eine optimistische Sicht an, indem du nach Gelegenheiten suchst, das Positive an Rückschlägen zu erkennen und wieder neu zu beginnen.

✓ Nimm dir jeden Tag Zeit, einem Menschen zu danken.

✓ Sei dankbar für das, was du hast.

✓ Nimm dir täglich Zeit für Augenblicke der Achtsamkeit und genieße die außergewöhnlichen Erfahrungen, die dir der Alltag bietet. Nichts davon ist selbstverständlich.

✓ Konzentriere dich auf die Gegenwart und nimm das Leben dankbar und wertschätzend als Wunder wahr.

✓ Hab Freude am Glück anderer Menschen und wünsche dir, dass andere sich wohlfühlen und erfolgreich sind.

TEIL VIER

ACHTSAM LEBEN

KAPITEL 15

ACHTSAMKEIT UND STRESSBEWÄLTIGUNG

Die stärkste Waffe gegen Stress ist die Fähigkeit, sich für einen Gedanken zu entscheiden.

William James

Nicht der Stress tötet uns, sondern unsere Reaktion darauf.

Hans Selye, Endokrinologe

Es überrascht mich nicht, dass das Thema Achtsamkeit in der westlichen Welt so großes Interesse hervorruft, gilt sie doch als wirksames Mittel gegen Stress und körperliche Beschwerden. Wie bereits in Kapitel 5 erwähnt, wurde die Wirksamkeit von Achtsamkeit zur Linderung von Erkrankungen – auch solcher, die durch Stress hervorgerufen werden – in den letzten 15 Jahren in zahlreichen wissenschaftlichen Publikationen bestätigt.

Seit der zweiten Hälfte des 20. Jahrhunderts gilt Stress als eine der häufigsten Ursachen für Krankheiten in den westlichen Wirtschaftssystemen. Das war jedoch nicht immer so.

1925 machte ein junger Medizinstudent namens Hans Selye beim Studium der Diagnostik eine faszinierende Beobachtung . Er stellte fest, dass zahlreiche der von ihm untersuchten Fallstudien zum Thema Diagnostik die gleichen Symptome aufwiesen, obwohl diese durch die unterschiedlichsten Krankheiten hervorgerufen wurden. Dieses Phänomen nannte er später das »Allgemeine Anpassungssyndrom«. Damals jedoch wusste er noch nicht, dass seine Beobachtung starke Auswirkungen auf die moderne Diagnostik haben würde.

Zunächst stieß er mit seinem Ergebnis bei seinen Kollegen auf Widerstand oder sogar Ablehnung. Die Idee, dass viele Krankheiten, mit denen sich Patienten bei Ärzten vorstellen (zum Beispiel Bluthochdruck, Herzerkrankungen, Verdauungsprobleme, Rheuma und viele Nerven- und Geisteskrankheiten), durch die gleichen Ursachen ausgelöst sein sollen, schien der medizinischen Gemeinde zu der Zeit höchst unwahrscheinlich. Aufbauend auf den Arbeiten des Psychologen Walter Cannon untersuchte Selye, was mit Tieren und Menschen geschieht, die einen Zustand ständiger Erregung erleben. 1946 hatte er ausreichend Nachweise für seine Erkenntnisse gesammelt und prägte einen prägnanten Begriff für seine Idee: »Stress«.

Die Forschung aus mindestens 50 Jahren bestätigt, dass Stress im Allgemeinen schlecht für die Menschen ist und Depressionen, Angstzustände und Herzerkrankungen fördert. Darüber hinaus verzeichnen zahlreiche Berichte, wie die der Weltgesundheitsorganisation, dass das Tempo und die Komplexität des modernen Lebens zunehmen. Daher erwarten sie im nächsten Jahrzehnt einen massiven Anstieg von stressbedingten Erkrankungen.

GESCHWINDIGKEIT UND KOMPLEXITÄT: DAS GUTE, DAS SCHLECHTE UND DAS HÄSSLICHE

Robert Colvile dokumentiert in seinem jüngsten Buch *The Great Acceleration*[29] das Tempo und die Häufigkeit von Veränderungen und baut darauf seine These auf, dass zunehmende Geschwindigkeit eine der tiefgreifendsten Veränderungen in der modernen Gesellschaft ist. Das Buch vertritt eine allgemein positive Sichtweise und zeigt, dass Geschwindigkeit im Grunde eine gute Sache ist, denn wir erhalten zum Beispiel mehr von dem, was wir uns wünschen, und sind besser informiert. Colvile betont aber auch, dass die Menschen durch dieses sich schnell drehende »Karussell« oft stark belastet werden. Er zitiert Studien, nach denen Menschen die Hälfte ihres Tages mit der Bearbeitung von E-Mails verbringen und 94 % der Berufstätigen angeben, dass sie sich schon einmal »bis zur vollkommenen Erschöpfung von Informationen überflutet fühlten«.

Aus Sicht von Gesundheit und Wohlbefinden aktivieren die Geschwindigkeit und Komplexität des Alltags kontinuierlich eine hormonelle Reaktion auf Gefahren, sodass eine Kampf-, Flucht- oder Stillstandsreaktion ausgelöst wird. Diese hängt selbstverständlich von unseren Wahrnehmungen und Gedanken ab. Immer wenn wir denken, dass eine Situation oder eine Person eine potenzielle Bedrohung für uns darstellt, steigt unsere Erregung. Wenn wir diese stressbehaftete Erregung regelmäßig erleben, kann dies zu einem psychologischen Trauma führen und vermutlich direkt oder indirekt koronare Herzerkrankungen, Krebs, Lungenerkrankungen, Unfälle, Leberzirrhosen und Selbstmord maßgeblich begünstigen – also sechs der häufigsten Todesursachen in der westlichen Welt.

Kein Wunder, dass der Forschung zur stressmindernden Wirkung von Achtsamkeit so viel Interesse zukommt.

Natürlich ist nicht alle Erregung schlecht für uns. Harte Arbeit und Sport sind gut für Körper und Seele und der Umgang mit Rückschlägen kann ebenfalls positive Auswirkungen wie eine gute Resilienz haben. Selye versuchte diesen möglichen Widerspruch zu vermeiden, indem er zwischen »gutem Stress« und »schlechtem Stress« unterschied. Guter Stress ist demnach alles, was zu einem positiven Ergebnis führt, während schlechter Stress schädlich ist. Ich bin mir nicht sicher, ob es ihm wirklich gelungen ist, diesen Widerspruch aufzulösen. Mit seiner Definition wissen Sie schließlich erst, wenn Sie die Konsequenzen spüren – etwa einen Herzinfarkt –, ob Ihr Stress gut oder schlecht war.

Meiner Meinung nach ist ein Verständnis für die Physiologie des vegetativen Gleichgewichts der bessere Ansatz, um Stress sowie die potenziellen Vorteile von Achtsamkeit zur Minderung seiner schädlichen Auswirkungen zu verstehen.

AUTONOMES GLEICHGEWICHT – DER HAUPTSCHALTER

Wie bereits besprochen, hat das vegetative oder autonome Nervensystem zwei Abteilungen: Der sympathische Nervenzweig auf der einen Seite bereitet uns auf Notfälle vor und steigert unter anderem Herzfrequenz und Blutdruck. Das ist wichtig, da in einem Notfall dringend Blut ins Gehirn fließen muss, damit der Körper für Kampf oder Flucht bereit ist. In einem solchen Notfall werden alle anderen Körperfunktionen wie etwa die Verdauung zurückgefahren.

Auf der anderen Seite bewirkt das parasympathische Nervensystem genau das Gegenteil: Es verlangsamt den Herzschlag und verringert den Blutdruck. Ohne das parasympathische Nervensystem läge Ihr Herzschlag beim Lesen dieser Seiten bei etwa 112 Schlägen pro Minute statt bei rund 72 Schlägen. Diese beiden Abteilungen des Nervensystems sollen sich abwechseln und im Gleichgewicht arbeiten. Funktioniert das, empfinden wir größeres körperliches und seelisches Wohlbefinden.

Bei vielen Menschen, die ständig beschäftigt und unter Stress sind und häufig Sorgen empfinden, wird das sympathische System ununterbrochen stimuliert. Das kann eine Reihe körperlicher Symptome auslösen und aus psychologischer Sicht für anhaltende Erregung oder übermäßige Wachsamkeit sorgen, die zu emotionaler Erschöpfung führen.

DIE LÖSUNG LIEGT DIREKT VOR IHRER NASE

Mithilfe von Achtsamkeitsübungen können Sie Ihren Körper und Ihren Geist beruhigen, denn sie wirken auf das vegetative Nervensystem und stärken das emotionale Gleichgewicht. Die Lösung liegt also direkt vor Ihrer Nase.

Viele Übungen zur Achtsamkeit konzentrieren sich auf den Atem. Atmen ist eine Körperfunktion, die dank des vegetativen Nervensystems unbewusst, also ganz automatisch abläuft. Sie können aber auch bewusst atmen, sodass das Atmen zu einem Werkzeug wird, mit dem sich das vegetative Nervensystem beeinflussen lässt. Mit anderen Worten: Durch Veränderung der Atmung können Sie einem potenziellen Ungleichgewicht des vegetativen Nervensystems bewusst entgegenwirken. Dieses Ungleichgewicht ist die

Ursache für viele häufig auftretende körperliche Erkrankungen wie Bluthochdruck sowie für viele psychologische Erkrankungen wie Angstzustände.

Und nun wird es interessant: Beim Einatmen stimulieren wir direkt das sympathische und beim Ausatmen das parasympathische Nervensystem. Damit können Sie das vegetative Nervensystem direkt beeinflussen, indem Sie sich bewusst auf das Verhältnis zwischen Ein- und Ausatmung konzentrieren.

ACHTSAMES ATMEN ALS ENTSPANNUNGSTECHNIK

Wenn Kunden, mit denen ich im klinischen oder unternehmerischen Kontext arbeite, mir sagen, dass sie angst- oder stressbedingte Probleme haben, fordere ich sie immer auf, ihrer Atmung mit achtsamer Aufmerksamkeit zu begegnen. Anschließend lehre ich sie eine Entspannungstechnik, die auf der Atmung basiert. Ich weiß gar nicht, wie viele Menschen mir über die Jahre bestätigt haben, wie gut und wirksam sie mit dieser Technik ihre Angst reduziert und ihren Stress kontrolliert haben.

Bei der »Geführten Atemmeditation«, die ich hier beschreibe, atmen Sie doppelt so lang aus, wie Sie einatmen. Die Technik stammt aus dem Yoga und steigert die Aktivität des parasympathischen Systems. Kurzfristig bietet sie Ihnen einen hilfreichen Rückzugsort vor Stress und Angst, und langfristig bringt sie die beiden Systeme wieder ins Gleichgewicht. Ich praktiziere diese Übung täglich und empfehle Ihnen sogar, sie mindestens zweimal täglich durchzuführen. Sie sollten vor allem in Momenten erhöhter Erregung oder gesteigerten Stresses üben, um Ihren Körper und Geist zu beruhigen und sich besser zu konzentrieren.

Die Geführte Atemmeditation wird im Kasten »Die Praxis« beschrieben. Die englischsprachige MP3-Datei *The Relaxing Mindful Breath Technique* können Sie von der Website herunterladen.
Eine deutschsprachige Anleitung finden Sie zum Beispiel auf You-
Tube unter https://insighttimer.com/de/gefuehrte-meditation/
gefuhrte-atemmeditation-entspannung-fur-deinen-korper.

DIE PRAXIS

Die geführte Atemmeditation

Atme in dieser Übung sanft, aber ganz tief durch die Nase ein,
sodass sich deine Bauchdecke hebt.

Im Gegensatz zu den anderen Atemmeditationen atmest du
in dieser Übung durch den Mund aus. Wenn du magst, kannst
du deine Zungenspitze auf den harten Gaumen direkt über
den Vorderzähnen legen und um die Zunge herum ausatmen.
Probiere aus, ob das für dich angenehm ist.

Atme zuerst durch die Nase ein. Nimm deinen Atem achtsam
wahr und zähl dabei bis vier. Halte nun die Luft an und zähle dabei bis sieben. Anschließend atmest du langsam durch
den Mund aus und zählst dabei bis acht. Bleib ganz ruhig
und spüre, wie die Luft herausströmt, bis du vollständig ausgeatmet hast.

Atme so langsam aus, dass das Ausatmen doppelt so lange dauert wie das Einatmen. Wiederhole diesen Atemzyklus achtmal und entspanne dich bei jedem Ausatmen ein wenig mehr. Du solltest während einer Übung höchstens acht Atemzyklen durchlaufen.

Wenn die Sequenz fertig ist, atme einfach normal weiter und beobachte, wie du dich fühlst. Entspanne deinen Körper und deinen Geist.

Wenn du deinen eigenen Atemrhythmus gefunden hast, kannst auch aufhören, mental zu zählen, und dich stattdessen achtsamer darauf konzentrieren, wie weich und gleichmäßig dein Atem fließt und was dabei in deinem Körper und in deinem Geist geschieht. Bei regelmäßiger Übung wirst du widerstandsfähiger gegen Stress, ruhiger und gelassener. Daher solltest du dir im Verlauf des Tages – und vor allem vor dem Einschlafen – Zeit nehmen, diese Technik zu üben. Beobachte die Veränderungen in dir.

KAPITEL 16

ACHTSAMES ARBEITEN

Deine Aufgabe ist es, deine Aufgabe zu erkunden, und dich ihr dann mit ganzem Herzen hinzugeben.

Buddha

Möge Ihre Arbeit im Einklang mit Ihrem Zweck stehen.

Leonardo Da Vinci

Laut Daniel Goleman ist die wichtigste Aufgabe einer Führungskraft in jedem Unternehmen, Aufmerksamkeit zu lenken. Er hat natürlich recht, aber einfach ist das nicht! Manager müssen damit klarkommen, dass ihre Arbeit in diesem aufregenden, aber hektischen Informationszeitalter immer schneller und komplexer wird.

Arbeitsplätze sind immer schon geschäftige Orte gewesen, aber durch die zunehmende Digitalisierung treten Veränderungen mit immer höherem Tempo auf und die Grenzen zwischen Privat- und Berufsleben verschwimmen. Wie häufig schauen Sie in Ihren E-Mail-Posteingang oder andere Produktivitäts-Apps? Wahrscheinlich lautet Ihre Antwort wie die der meisten Menschen: regelmäßig, sogar am Wochenende und im Urlaub.

Organisationen müssen sicherstellen, dass alle Mitarbeiter die nötigen Ressourcen haben, um den steigenden persönlichen Anforderungen ihrer beruflichen Position gerecht zu werden.

DER GLAUBE AN DAS BESSERE

Das Thema Achtsamkeit am Arbeitsplatz erfreut sich in letzter Zeit großen Interesses und breiter Präsenz in den Medien. Viele bekannte globale Unternehmen wie Google, LinkedIn, Twitter und Sony – um nur einige zu nennen – haben Achtsamkeitsprogramme für ihre Mitarbeiter eingeführt.

Der europäische Medienriese Sky etwa ist ein Paradebeispiel, das Geschwindigkeit und Innovation am Arbeitsplatz vereint. Vor einigen Jahren war Sky noch ein Außenseiter und kleiner Konkurrent für Medienunternehmen wie BBC und ITV. Heute ist es Marktführer in Europa und pflegt eine Kultur des kritischen Denkens und der Innovation. Es hat den Ruf eines Arbeitgebers mit hohen Anforderungen. Als ich vor etwa zwei Jahren gebeten wurde, ein Führungskräfteprogramm zum Thema emotionale Intelligenz und Achtsamkeit bei Sky einzuführen, war ich überrascht, auf wie viel Begeisterung ich dabei stieß.

OBERSTES ZIEL: GELASSENHEIT

Meine ersten Worte zur Eröffnung meines Programms »Better Self« (Besseres Selbstkonzept) lauteten: »Das Wichtigste, was Sie brauchen, um in der zweiten Hälfte Ihres privaten oder beruflichen Lebens eine gute Führungskraft zu sein, ist Gelassenheit.« Man hätte eine Stecknadel fallen hören können, als die Teilnehmer merkten, wie schwer es war, auch nur einige Sekunden lang den Geist zur Ruhe zu bringen.

Wenn Sie unter Druck stehen und Ihr Geist im Nebel des Stresses umherirrt, ist es enorm schwer, klar zu denken, und nahezu unmöglich, innovative Ideen zu entwickeln. Hiervon bin ich überzeugt: Die Fähigkeit, angesichts permanenten Drucks gelassen zu sein, bildet die Grundlage dafür, bei der Arbeit objektive Urteile zu fällen und fundierte Entscheidungen zu treffen. Aus diesem Grund ist Achtsamkeit eine unverzichtbare Methode zur Führung einer modernen Organisation.

Das Motto von Sky »Believe in Better« (Glaube an das Bessere) ist nicht nur ein Slogan, sondern ein Kredo, das sich an den Zielen der Achtsamkeit ausrichtet. Letztlich geht es darum, dass Sie die beste Version Ihrer selbst sein und damit Ihr eigenes Potenzial besser nutzen sollen. Mitarbeiter, die klarer sehen, konzentrierter und teamfähiger sind, arbeiten auch produktiver und sind die Basis für ein erfolgreiches Unternehmen.

Einige Monate nach Abschluss des ersten Programms bei Sky erzählte mir einer der Manager, dass die Fähigkeit, seinen Geist zu beruhigen und seine Aufmerksamkeit zu fokussieren, die wichtigste persönliche und berufliche Fertigkeit sei, die er je gelernt habe. Mit einem gelassenen und ruhigen Geist können Sie klarer denken und bessere Entscheidungen treffen.

DER MYTHOS DES MULTITASKING

Unser Arbeitsumfeld hat sich in den letzten Jahren drastisch verändert. Arbeit war immer eine Herausforderung, aber heute müssen

Berufstätige deutlich mehr miteinander konkurrierende Anforderungen bewältigen, kürzere Fristen einhalten und häufig funktionsübergreifende Verantwortung übernehmen – ganz zu schweigen von der Flut an E-Mails, Telefonaten, SMS und Social-Media-Beiträgen. Diese Überlast an Informationen zwingt uns zum Multitasking, also dazu, mehrere Aufgaben gleichzeitig zu erledigen.

Das ist ein Problem. Wenn Sie eine Flut an Informationen gleichzeitig verarbeiten, behalten Sie weniger Details. Wer kennt das nicht: Sie werden einer Person vorgestellt und fünf Minuten später können Sie sich peinlicherweise nicht mehr an ihren Namen erinnern. Grund dafür ist, dass Sie nur schwer filtern können, welche Informationen Ihrer Aufmerksamkeit wert sind und welche nicht. Daher wandert Ihr Kopf schnell von einer Information zur nächsten.

Aus neurologischer Sicht ist Multitasking eine Illusion. Für den Menschen ist es schlichtweg nicht möglich, sich auf zwei Dinge gleichzeitig zu konzentrieren. In Wirklichkeit hüpft die Konzentration nämlich den ganzen Tag lang von einer Aufgabe zur nächsten. Eine Reihe von Studien zu diesem Thema haben nachgewiesen, dass Multitasking zu Müdigkeit führt und Entscheidungen, Kreativität und Urteilsfähigkeit ausbremst.[30] Letztendlich wird das Gehirn müde und die Gedanken schweifen ab. Multitasking ist also laut Dan Goleman »vielleicht die größte Aufmerksamkeitsverschwendung am Arbeitsplatz.«[31]

ARBEITEN IM »ABGESCHOTTETEN RAUM«

Der Schlüssel zu mehr Konzentration ist: Arbeiten Sie in einem imaginären abgeschotteten Raum. Konzentrieren Sie Ihre Aufmerksamkeit bewusst auf die unmittelbare Erfahrung, also die

Aufgabe, mit der Sie sich gerade beschäftigen. Erst wenn Sie diese abgeschlossen haben, wenden Sie sich dem nächsten Projekt zu. Ganz besonders wichtig ist das im Gespräch mit einem anderen Menschen.

Viele von uns neigen dazu, Beziehungen im Multitasking-Modus zu managen. Während eines Gesprächs wandern unsere Gedanken zu einem ganz anderen Thema und wir verarbeiten drei oder vier Aufgaben in schneller Abfolge. Sicher haben Sie auch schon die Erfahrung gemacht, dass Ihr Gesprächspartner offensichtlich seinen eigenen Gedanken nachhängt und sich nicht auf Sie konzentriert oder Ihrer Meinung oder Erfahrung gegenüber gleichgültig ist. Diese chronische Zerstreutheit blockiert den Austausch wertvoller Informationen, innovative Ideen, Empathie und letztendlich Vertrauen. Das Ironische daran ist: Wenn kein richtiges Vertrauen besteht, nimmt das Arbeitstempo in Unternehmen ab.

Die positive Wirkung von Achtsamkeit am Arbeitsplatz wurde dagegen in zahlreichen aktuellen Studien nachgewiesen. Die Daten zeigen es: Motivation, Bindung, Produktivität, Innovationsgeist und Führungsqualitäten der Mitarbeiter erfahren mit aufmerksamem und achtsamem Miteinander einen positiven Anstieg. Meiner Erfahrung nach sorgt Achtsamkeit sogar für eine erhebliche Verbesserung der zwischenmenschlichen Beziehungen und der Teamdynamik, selbst wenn diese schwer zu messen sind.

ACHTSAMKEIT BEGINNT MIT DER AUFMERKSAMEN HALTUNG

Die größte Herausforderung für die Kommunikation und Motivation am Arbeitsplatz ist ganz einfach mangelnde Aufmerksamkeit.

Multitasking und äußere Faktoren wie enge Zeitrahmen hindern Sie daran, Ihrem Gegenüber Ihre volle Aufmerksamkeit zu schenken. Das tatsächliche Hindernis sind aber Sie selbst – Ihr unruhiger Geist. Wenn Sie müde sind oder unter Druck stehen, suchen Sie nach Abkürzungen. So entwickeln Sie ein vorschnelles Urteil, bereiten gedanklich eine Gegendarstellung vor oder geben vorschnell Ihre Bestätigung, anstatt richtig zuzuhören.

Wie bei jeder Achtsamkeitsübung entsteht Aufmerksamkeit, wenn Sie sich zunächst Ihres Körpers bewusst werden. Nur so können Sie einer anderen Person Ihre physische Aufmerksamkeit schenken. Entwickeln Sie eine aufmerksame Körperhaltung.

Sicher haben Sie schon Ausdrücke gehört wie: »Er saß wie auf Kohlen« und »Sie zeigte ihm die kalte Schulter«. Schon hier zeigt sich, dass wir tatsächlich eine körperliche Reaktion zeigen, wenn uns etwas beschäftigt. Um also zu zeigen, dass Sie Ihrem Gegenüber Ihre volle Aufmerksamkeit schenken, wenden Sie sich der Person, mit der Sie sprechen, zu und schauen Sie ihr in die Augen.

Achten Sie auf Ihre Stimme. Ein angemessener Ton, eine angenehme Lautstärke und die Geschwindigkeit Ihrer verbalen Reaktion können die Aufmerksamkeit verbessern. Warten Sie einen Moment, wenn Ihr Gegenüber mit Reden fertig ist, bevor Sie sprechen. Damit geben Sie ihm oder ihr die Möglichkeit, weiterzureden – ein wichtiges Zeichen Ihrer Aufmerksamkeit.

Dies sind die körperlichen Mechanismen aufmerksamen Zuhörens. Aber am meisten wünscht sich wohl jeder die psychologische Präsenz seines Zuhörers. Zwingen Sie sich, Ihre eigenen Gedanken, Pläne und Urteile, so wichtig sie auch sein mögen, einen

Moment lang zurückzustellen, und seien Sie Ihrem Gesprächspartner gegenüber offen und neugierig. Schenken Sie ihm oder ihr Ihre ganze Aufmerksamkeit.

ACHTSAME BESPRECHUNGEN

Was für zwischenmenschliche Beziehungen gilt, ist auch die Grundlage für sinnvolle und produktive Besprechungen. Wenn Sie über den Tag von einem Meeting zum nächsten hetzen, müssen Sie eine große Menge mentaler und emotionaler Herausforderungen bewältigen. Häufig haben Sie, wenn Sie in einem Meeting ankommen, noch die Probleme der vorherigen Besprechung im Kopf. Der Schlüssel zur Achtsamkeit lautet auch hier: Verabschieden Sie sich von allem, was Sie vor einer Besprechung bewegt, und schenken Sie der aktuellen Besprechung Ihre volle Aufmerksamkeit. Das ist keine einfache Aufgabe, es sei denn, Sie üben immer und immer wieder, Ihre Aufmerksamkeit im »abgeschotteten Raum« zu bewahren.

FAZIT

Achtsamkeit am Arbeitsplatz erzeugt eine Kultur mit mehr Gelassenheit, Zusammenhalt und Innovation. Menschen mit klaren Gedanken, die konzentriert und teamfähig sind, treffen bessere Entscheidungen und sind produktiver.

Eine der wirksamsten Achtsamkeitsübungen, mit der Sie den Übergang zwischen Meetings oder Projekten besser bewältigen, ist die *Three-Minute Breathing Space Meditation* (Dreiminütige Atempause-Meditation), die im Kasten »Die Praxis« kurz beschrieben ist. Sie können die englischsprachige MP3-Datei *Three-Minute*

Breathing Space Meditation von der Website herunterladen. Eine deutschsprachige Version finden Sie zum Beispiel auf YouTube unter https://www.youtube.com/watch?v=3EDthLnbOTM. Die *Atempause* ist eine kurze Meditation, die wie eine Brücke zwischen Ihren unmittelbaren Anforderungen und längeren Meditationsübungen wirkt.

Viele Leute sagen, dass diese Übung neben der *Geführten Atemmeditation* eine der wertvollsten Übungen ist, die sie gelernt haben. Der Grund dafür ist vermutlich, dass sie Ihnen dabei hilft, in einen »abgeschotteten Raum« zu gelangen, und eine kurze Pause vom Dauerstress des Tages bietet.

DIE PRAXIS

Dreiminütige Atempause-Meditation

Dies ist eine einfache und kurze Meditation in drei Schritten:

1. Werde dir im ersten Schritt eine Minute lang aller Gedanken bewusst, die deine Aufmerksamkeit beanspruchen.

2. Im zweiten Schritt darfst du dich von diesen Gedanken lösen, indem du deine Aufmerksamkeit bewusst auf deinen Atem, vor allem im Bauchraum lenkst.

3. Im dritten Schritt erweiterst und öffnest du dein Bewusstsein für deine unmittelbare Erfahrung. Du kannst sie hier nun fest in der Situation verankern, in der du dich gerade befindest.

WEITERE ÜBUNGEN:

✓ Arbeite im »abgeschotteten Raum«, priorisiere deine Projekte und arbeite sie systematisch ab, anstatt zwischen ihnen hin- und herzuspringen.

✓ Schenken den Menschen, mit denen du sprichst, deine volle Aufmerksamkeit.

✓ Praktiziere zwischen deinen Besprechungen und vor dem Heimweg am Ende deines Arbeitstages die »Dreiminütige Atempause-Meditation«.

✓ Praktiziere die *geführte Atemmeditation*, um nicht impulsiv zu sprechen und Spannung und Angst zu reduzieren.

✓ Öffne deine E-Mails am Morgen erst, wenn du einige Minuten meditiert hast, um dich auf die Herausforderungen des Tages vorzubereiten.

KAPITEL 17

ACHTSAMKEIT UND UMGANG MIT SCHWIERIGEN EMOTIONEN

Wenn du ein Leben ohne Kummer und Sorge leben möchtest, stelle dir vor, die Dinge, die geschehen werden, seien schon geschehen.

Epiktet, stoischer Philosoph

Man kann das Leben rückwärts verstehen, aber man muss es vorwärts leben.

Søren Kierkegaard, Philosoph und Theologe

Vor etwa dreißig Jahren habe ich ein Buch gelesen, das mein Leben grundlegend veränderte und mich letztendlich bewog, Psychologe zu werden. The *Road Less Travelled* (Der wunderbare Weg)[32] des Psychiaters M. Scott Peck beginnt mit den Worten »Das Leben ist schwierig« und erklärt diese Worte zu einer der größten Wahrheiten. Ich habe die tiefe Wahrheit, die seinem Ansatz zugrunde liegt, sofort gespürt, weil sie alle meinen Erwartungen an das Leben komplett widersprach.

Ich hatte angenommen, das Leben dürfe nicht schwierig sein. Und deshalb beklagte ich mich über meine Lebensumstände und bejammerte die Dinge, die mir geschahen und die nicht geschahen. Als ich jedoch erkannt hatte, dass Pecks Thesen richtig sind, und sie für mich akzeptierte, wurde das Leben zu meiner großen Überraschung plötzlich viel leichter.

LEBEN IST LEIDEN

Peck übernahm den ersten Lehrsatz von Buddha: Leben ist Leiden. Auch die Achtsamkeitslehre gründet auf dieser Annahme, aber wie wir bereits in Kapitel 10 und 12 gesehen haben, hinterfragt sie diese Diagnose als Quelle aller Probleme, wie sie die Psychologie der westlichen Welt lehrt. Und glücklicherweise gibt sie uns darüber hinaus eine Reihe von Lösungen an die Hand, mit denen wir auch schwierige Emotionen meistern.

Die Modelle der westlichen Psychologie konzentrieren sich im Grunde darauf, Stresssymptome zu reduzieren. In der Achtsamkeitslehre hingegen geht es weniger darum, die Symptome zu lindern, als die Beziehung zu ihnen zu verändern.[33] Sie erhalten also mit den Methoden der Achtsamkeit keine Serie an »Behandlungsoptionen«, die schmerzliche Gefühle wegwischen oder direkt vermeiden sollen, sondern verändern Ihren Umgang mit emotionalen Problemen. Daher werde ich Ihnen nun fünf praktische Strategien vorstellen, wie Sie solche Probleme meistern können.

STRATEGIE 1: WENDEN SIE SICH DEM PROBLEM ZU

Wenn Sie ein Problem wirksam lösen möchten, müssen Sie sich mit den schwierigen und oft schmerzlichen Gefühlen beschäftigen, die es auslöst. Das ist für viele eine sehr große Herausforderung. Wir alle haben Angst vor Schmerz und versuchen daher, Probleme so weit wie möglich zu vermeiden. Wir leugnen sie, ignorieren oder verschieben sie auf später – alles in der Hoffnung, dass sie sich in Luft auflösen. Aus Sicht der Achtsamkeit ist das allerdings ein Fehler.

Vor meinem Studium der kognitiven Psychologie beschäftigte ich mich einige Jahre mit dem psychoanalytischen Ansatz der Psychologie. Vielleicht wissen Sie, dass Freud seine Theorien zur seelischen Entwicklung anhand griechischer Mythen wie der Geschichte des Königs Ödipus erklärte. Selbst wenn Sie diese Geschichte nicht im Detail kennen, erinnern Sie sich wahrscheinlich an die schockierende Theorie Freuds, die besagt, dass der geheime Wunsch eines jeden Jungen darin bestehe, Sex mit seiner Mutter zu haben und seinen Vater zu töten.

In der griechischen Sage befragte König Laios, der Vater des Ödipus, das Orakel in Delphi. Es antwortete ihm, dass der Sohn, den seine Frau und er haben würden, seinen Vater töten und seine Mutter heiraten würde. Um diese Prophezeiung zu umgehen, übergaben der König und die Königin den neugeborenen Ödipus einem Schäfer mit dem Auftrag, das Baby in den Bergen dem Tod zu überlassen. Der Schäfer konnte sich dazu aber nicht durchringen und übergab Ödipus einem anderen Schäfer, der das Kind dem

König und der Königin von Korinth übergab, die es adoptierten und aufzogen.

Als Erwachsener erfuhr Ödipus zu seinem Entsetzen von der Prophezeiung. Er wusste nicht, dass er adoptiert worden war, und dachte, das Orakel beziehe sich auf den Vater und die Mutter, die er kannte. Er wollte seinem Schicksal entgehen und kehrte nicht nach Korinth zurück, sondern ging in die Stadt Theben. Auf seinem Weg dorthin traf er König Laios, seinen biologischen Vater. Es kam zu einem Streit und schließlich tötete er seinen Vater. Doch es wird noch spannender: Später – Sie haben es vielleicht schon erraten – heiratete er unwissentlich seine echte Mutter.

Die Moral dieser Geschichte hat natürlich kaum etwas mit Freuds »Ödipus-Komplex« zu tun, sondern besagt vielmehr, dass man seinem Schicksal nicht entgehen kann. Kürzlich las ich jedoch einen Artikel des amerikanischen Zen-Buddhisten und Psychiaters Barry Magid, der die Sage völlig anders und in Übereinstimmung mit der Achtsamkeitslehre interpretiert.

In einem Interview mit Oliver Burkeman über sein Buch *Ending the Pursuit of Happiness* (Das Ende der Suche nach Glück) erklärt Magid: »Die Quintessenz lautet: Wenn du fliehst, kommt es zurück und kriegt dich doch. Nicht die Ursache deiner Flucht, sondern deine Flucht selbst löst das Problem aus.«[34] Mit anderen Worten: Wenn Sie Ihre Dämonen mit allen Mitteln zu bekämpfen versuchen, bekommen diese sehr viel Macht. Psychologische Freiheit und Glück erlangen Sie nicht, indem Sie Unsicherheiten und Ängste vermeiden, sondern indem Sie sich mit ihnen beschäftigen.

Dies ist die erste große Erkenntnis in der Achtsamkeitslehre. Wenn Sie Ihre Probleme achtsam angehen möchten, dürfen Sie nicht vor den Dingen weglaufen, die Ihnen unangenehm sind. Hören Sie auf, schmerzliche oder störende Gefühle zu unterdrücken oder zu korrigieren, sondern beobachten Sie diese Erfahrungen sachlich und nehmen Sie sie an, wie sie sind.

Das entspricht auf den ersten Blick freilich nicht der menschlichen Intuition, vor allem wenn all Ihre Instinkte Ihnen raten zu fliehen. Aus psychologischer Sicht dagegen ist das sehr sinnvoll. Nehmen wir etwa negative Gefühle wie Aufregung oder Angst. Beide verursachen Ihnen Unwohlsein, sodass Sie sie schnell wieder loswerden oder vermeiden wollen. Bei körperlichen Bedrohungen ist Vermeidung sicher der bessere Weg, der jedoch hoffnungslos versagt, wenn Sie vor psychologischen Herausforderungen wie zum Beispiel Angst stehen. Je mehr Sie versuchen, schwierige Gedanken oder Gefühle zu unterdrücken oder zu vermeiden, umso stärker werden diese in der Regel. Damit werden Sie, wie bereits erwähnt, verletzlicher und anfälliger für zwanghaftes oder obsessives Verhalten.

Besser ist es, schmerzliche oder angenehme Emotionen zuzulassen, ohne sich von ihnen abzuwenden oder sie auf irgendeine Weise zu kontrollieren. Beobachten Sie sie und versuchen Sie, ihnen einen Namen zu geben, wie »dieses Gefühl heißt Angst« oder »das ist Ärger«. Oder lenken Sie zumindest Ihre Aufmerksamkeit auf die Atmung, um Körper und Geist zu beruhigen.

STRATEGIE 2: LEBEN SIE IM AUGENBLICK

Mit der ersten Strategie wenden Sie sich bewusst Ihrer Erfahrung zu. Mit der zweiten konzentrieren Sie sich voll und ganz auf den jetzigen Augenblick. Eines der Herzstücke der Achtsamkeit ist die Fähigkeit, »im Augenblick zu leben« oder »vollständig präsent zu sein«. Eine wirklich wichtige Perspektive, denn aus psychologischer Sicht wird unser Leid hauptsächlich dadurch ausgelöst, dass sich unsere Gedanken mit der Zukunft, mit der Vergangenheit oder mit beidem beschäftigen. Wir verbringen viel Zeit damit, über die Vergangenheit zu grübeln und Angst vor einer imaginären Zukunft zu haben. Doch als achtsame Menschen liegt unserer Hauptaugenmerk auf der Gegenwart. Um mit Buddha zu sprechen: »Das Geheimnis hinter einem gesunden Geist und Körper ist nicht, die Vergangenheit zu beklagen, sich um die Zukunft zu sorgen oder Probleme vorherzusehen, sondern besonnen und aufrichtig im jetzigen Augenblick zu leben.«

Wenn Sie sich wirklich auf den gegenwärtigen Moment konzentrieren, können Sie die störenden Emotionen aus der Vergangenheit oder Zukunft, die Ihre Stimmung drücken oder aufheizen, einfach beruhigen.

STRATEGIE 3: AKZEPTANZ

Mit der dritten Strategie akzeptieren Sie Ihre Erfahrungen so, wie sie sind. Damit reduzieren Sie gleichzeitig den negativen Sog, den Zustände wie depressive Verstimmungen oder Angst verursachen.

Mit einer akzeptierenden Grundeinstellung werden Sie erkennen, dass schwierige Gefühle wie eine deprimierte Stimmung oder

Angst meist mit Ereignissen in Ihrer Vergangenheit oder Sorgen um Ihre Zukunft verbunden und keine objektive Sicht auf die aktuelle Situation darstellen. Achtsamkeit öffnet Ihnen die Tür für den freieren und sachlicheren Blick auf Ihre Erfahrungen, sodass Sie nicht mehr gegen sie kämpfen müssen.

STRATEGIE 4: DAS NEUE SEHEN

Wenn Sie sich Ihren Erfahrungen zuwenden und sie akzeptieren, können Sie sie durch die Brille des »beobachtenden Selbst« und mithilfe von »Introspektion« betrachten. Das erlaubt es Ihnen, Ihre Gedanken und Gefühle »zu benennen und zu erklären« – eine Technik, die sich beruhigend auf schwierige Emotionen auswirkt und verhindert, dass Sie von ihnen überrannt werden. Es besteht ein gewaltiger Unterschied darin, ob Sie in Traurigkeit oder ärgerlichen Gefühlen ertrinken oder ob Sie erkennen, traurige oder ärgerliche Gefühle zu haben.

Wenn Sie ihre Erfahrungen nicht bejammern oder beurteilen und sich stattdessen mithilfe des beobachtenden Selbst von ihnen lösen, werden Sie zu einer Art »desinteressiertem Betrachter«. Damit erlangen Sie potenziell mehr Freiheit, um über Ihr Verhalten zu entscheiden.

STRATEGIE 5: LASSEN SIE LOS

In der letzten Strategie geht es um die bewusste Entscheidung, kein Urteil zu fällen. Möchten Sie sich also wohler fühlen, dürfen Sie sich nicht mehr an Objekten und Ergebnissen festhalten. Dazu gehört, dass Sie lernen müssen, »loszulassen« bzw. Ihre natürliche Neigung zu Urteilen wie »Ich muss das haben« oder »Ich ertrage das nicht« über den Haufen zu werfen. Gleichzeitig müssen Sie sich auch von Ihrer Neigung verabschieden, sich selbst zu beurteilen: Bewertungen wie »Ich habe keine Hoffnung«, »Ich bin schuld«, »Ich bin nicht genug« usw. entstehen häufig, weil Sie sich an ein falsches Selbstkonzept klammern. Sie sind leider weder für Sie selbst noch für andere besonders hilfreich.

Als achtsamer Menschen fragen Sie sich nicht zwanghaft, ob die Dinge so sein sollten, wie sie sind, oder nicht. Sobald Sie Ihren Klammergriff um solche Bewertungen und das Selbstkonzept lösen, mit dem Sie sich unverrückbar selbst definieren, können Sie sich besser auf die Werte konzentrieren, die Ihren Handlungen zugrunde liegen, und entsprechende Entscheidungen treffen.

ZUSAMMENFASSUNG

Der achtsame Umgang mit schwierigen Emotionen beginnt damit, dass Sie sich Ihrer Erfahrung, so schwierig sie auch sein mag, im jetzigen Augenblick zuwenden. Wenn Sie den Deckel öffnen und in Ihr Inneres schauen, können Sie Ihre Erfahrung achtsam und sachlich betrachten und das, was Sie vorfinden, akzeptieren. Anschließend schauen Sie sich Ihre Erfahrungen im Lichte Ihrer Wert an. Behandeln Sie sich selbst freundlich, haben Sie Mitgefühl und richten Sie Ihre Lebenspraxis an Ihren Werten aus. Damit treffen Sie flexiblere Entscheidungen, werden emotional freier und gelassener.

Üben Sie diese Technik anhand der englischsprachigen Anleitung auf der Website www.themindfulnessbook.co.uk. Laden Sie die MP3-Datei *Mindfulness of Difficult Emotions Meditation* herunter und praktizieren Sie die geführte Meditation. Eine deutschsprachige Anleitung finden Sie zum Beispiel auf YouTube unter https://www.youtube.com/watch?v=cdsQNo-zKbs.

DIE PRAXIS

Meditation zum Umgang mit schwierigen Gefühlen

✓ Fühle die Versuchung, schmerzliche oder unangenehme Gedanken und Gefühle zu unterdrücken.

✓ Nun jedoch wende dich diesen Gedanken und Gefühlen zu und lasse sie einfach zu, ohne dich in ihnen zu verstricken oder sie lösen zu wollen.

✓ Sei bereit, sie in Ruhe anzuschauen.

✓ Wenn das gerade zu schwierig ist, konzentriere dich auf deinen Körper, um Abstand zwischen deinen Gedanken und dem Problem zu schaffen.

✓ Wie fühlt sich dein Körper an? Du möchtest jetzt nichts ändern, sondern ihn einfach nur neugierig erkunden.

✓ Sei noch mehr bereit, deine Gedanken und Gefühle zu akzeptieren. Wie du dich gerade fühlst, ist völlig in Ordnung.

✓ Entspanne deinen Körper und lass mit jedem Atemzug ein bisschen mehr los.

- ✓ Wenn du kannst, beobachte deine Gedanken und Gefühle einfach so, wie sie sind.

- ✓ Behandle dich selbst freundlich und mitfühlend. So schwierig deine Erfahrung auch sein mag, nimm Dinge, die du nicht ändern kannst, an und akzeptiere, dass es Zeit und Mut kostet, eine neue Realität anzuerkennen.

- ✓ Vergiss bei all den Schwierigkeiten nicht die schönen Dinge in deinem Leben: positive Erinnerungen, Schönheit und Unschuld, aber vor allem all das Mitgefühl, das du bekommst und anderen schenkst.

KAPITEL 18

ÜBE ACHTSAMKEIT REGELMÄSSIG

Wahre Großzügigkeit gegenüber der Zukunft besteht darin, alles für die Gegenwart zu geben.
Albert Camus, Philosoph, Schriftsteller und Journalist

Ich verrate Ihnen, was der Clou der Achtsamkeit ist: Sie ist die optimale mobile Technik! Achtsamkeit können Sie immer und überall haben: bei beruflichen Problemen, beim Spielen mit Kindern, beim Umgang mit schwierigen Gefühlen oder wenn Sie in den Routineaufgaben des Alltags – Abwaschen, Duschen, Kochen usw. – zu ertrinken drohen. Mithilfe von Achtsamkeit nehmen Sie Ihre Erfahrungen bewusster wahr, konzentrieren sich besser, lassen sich weniger ablenken, werden produktiver und gelassener.

EINE LEDERDECKE FÜR DIE WELT

Der tibetische buddhistische Mönch Yongey Mingyur Rinpoche erzählt ein altes tibetische Volksmärchen, das meiner Meinung nach sehr gut zeigt, dass Achtsamkeit ein Lebensstil ist. Es geht um einen Nomaden, der barfuß über die Berge wanderte. Weil er keine Schuhe hatte, verletzte er sich immer wieder an den Füßen. So sammelte er auf seiner Wanderung die Häute toter Tiere und legte sie auf den Bergpfaden aus, um Steine und Dornen zu bedecken –, eine harte und langwierige Arbeit, weil er ja immer nur wenige Quadratmeter mit den Tierhäuten abdecken konnte. Letztendlich erkannte der Mönch, dass er nur wenig Material benötigt, um daraus Schuhe zu machen, mit denen er müheloser und mit weniger Schmerzen Tausende Kilometer wandern konnte. Indem er also seine Füße mit Leder bedeckte, deckte er die ganze Welt mit Leder ab.

Mingyur erklärt mit dieser Geschichte den achtsamen Umgang mit Herausforderungen und Konflikten: Wenn Sie versuchen, jedes Problem, jedes Gefühl und jeden negativen Gedanken bei seinem Auftreten, zu bewältigen, versuchen Sie wie der Nomade, eine Lederdecke auf die Welt zu legen. Gehen Sie dagegen das Problem mit mehr Gelassenheit und Empathie an, lassen sich die meisten Herausforderungen des Lebens deutlich einfacher lösen.[35]

VIELE MALE, VIELE MOMENTE

Wie oft sollen Sie Achtsamkeit üben? Meine Antwort: Immer! Aber leider ist es wie mit den guten Vorsätzen für das neue Jahr: Trotz wirklich guten Willens kostet es viel Zeit und Übung, bis man neue Fertigkeiten entwickelt und sie selbstverständlich werden.

Manchmal ist es schwer, sich auch nur einmal am Tag Zeit für eine geplante Meditationsübung zu nehmen. Doch Achtsamkeit können Sie auch »informell« üben, indem Sie sich einfach mehrmals am Tag wenige Minuten darauf konzentrieren.

Achtsamkeit lässt sich wunderbar in die Alltagsroutinen wie Abwaschen, Duschen, Autofahren, Treppensteigen, Kaffeetrinken und – sehr richtig – auch Atmen integrieren. Bei jeder dieser Tätigkeiten können Sie Ihren Geist beruhigen, sich auf die gegenwärtige Erfahrung konzentrieren und die damit verbundenen Empfindungen, Töne, Gerüche und Gefühle wahrnehmen.

So lesen zum Beispiele viele Menschen beim Frühstück die Zeitung oder schauen Nachrichten im Fernsehen. Für sie ist das Kaffeetrinken eine Selbstverständlichkeit und daher verpassen sie den Reichtum und die Sinnesfreude dieser Erfahrung. Das Gleiche gilt für all die vielen Tätigkeiten, die wir im Verlauf eines Tages wie im Autopiloten-Modus »abarbeiten«.

Lenken Sie Ihre Aufmerksamkeit bewusst auf jede einzelne Tätigkeit: das Anziehen, das Kochen, das Händewaschen, den Weg zur Arbeit und nach Hause und das Gespräch mit anderen Menschen. Nur so können Sie die Essenz der Erfahrung vollständig genießen – denken Sie nur einmal an die Schokoladenmeditation aus Kapitel 1. Auf diese Weise wird jede Alltagstätigkeit zu einer wunderbaren Gelegenheit, Achtsamkeit zu üben.

ÜBEN SIE MIT ABSICHT – SETZEN SIE SICH ZIELE

Der Schlüssel beim Üben ist »Absicht«. Wenn Sie Ihr Leben achtsam gestalten möchten, sollten Sie dies mit voller Absicht tun und sich Ziele setzen. Damit kommen wir auch zurück auf die ursprüngliche Bedeutung von Achtsamkeit, die sich aus dem indischen Wort *Sati* (»sich erinnern«) ableitet. Bei der Achtsamkeit geht es im Grunde darum, sich darauf zu besinnen, den gegenwärtigen Augenblick bewusst wahrzunehmen.

Am Anfang hilft es, wenn Sie sich vornehmen, den Augenblick zu bestimmten Zeiten eines Tages bewusst wahrzunehmen. Versuchen Sie, Ihren Fortschritt aufzuzeichnen. Dann ist es einfacher, am Ball zu bleiben. Sobald Sie 20 kurze einminütige Übungen in Ihren Alltag integriert haben, können Sie die Häufigkeit langsam steigern. Auf diese Weise wird Achtsamkeit mithilfe kurzer, informeller Augenblicksübungen zur Gewohnheit. Damit wird nicht nur jede Ihrer Erfahrungen zu einem spannenden Moment, sondern trägt auch zu Ihrem Glück bei. Darüber hinaus werden Ihnen diese kleinen Übungen auch längere Mediationssitzungen erleichtern.

EIN TRAININGSPLAN FÜR DEN GEIST

Sicherlich ist es auch sinnvoll, wenn Sie eine bestimmte Zeit am Tag für eine formale Meditationsübung reservieren. Meditation ist mentales Training für Ihren Geist. Regelmäßiges Training ist dabei das Fundament für ein nachhaltig achtsames Leben.

Sie könnten zum Beispiel regelmäßig etwas früher aufstehen und sich damit jeden Morgen Zeit zum Meditieren schenken. Für viele Menschen ist der Morgen die beste Zeit zum Üben, weil es meist einfacher ist, den Geist zur Ruhe zu bringen, bevor er durch die Aufregungen des Tages aufgewühlt wird. Natürlich müssen Sie dazu die Gewohnheit ablegen, bereits im Bett Ihre E-Mails zu lesen. Andere Menschen üben lieber abends vor dem Schlafengehen, um ruhiger zu werden. Beide Zeitpunkte – direkt nach dem Aufwachen oder vor dem Einschlafen – eignen sich hervorragend, weil Ihr Geist dann potenziell offener und aufnahmefähiger ist.

Ich persönlich übe am Morgen und am Abend. Und wann immer möglich, gehe ich etwas früher zu Bett, als ich müsste. Damit verschaffe ich mir vor dem Einschlafen nicht nur einige Minuten Zeit zum Üben, sondern bin auch, im Gegensatz zu den Gewohnheiten meiner Jugend, zu einem Morgenmenschen geworden. Die Art und Weise, wie Sie Ihren Tag beginnen, wirkt sich erheblich auf seinen Verlauf aus. Daher empfehle ich Ihnen, auch am frühen Morgen kurz zu üben.

DIE GROSSE ABLENKUNG – PROKRASTINATION

Glauben Sie mir: Sobald Sie die Vorteile von Achtsamkeit und Meditation einmal erfahren haben, werden Sie hoch motiviert sein, täglich zu üben. Und trotzdem wird es nicht lange dauern, bis sich der Vorsatz wieder in Luft auflöst. Das Leben hat nämlich die Angewohnheit, Ihre besten Absichten zu durchkreuzen. Binnen kürzester Zeit werden Sie Ihre Übungen auf einen »günstigeren« Zeitpunkt verschieben und dann wird der innere Schweinehund immer größer. Was du heute kannst besorgen, das verschiebe nicht auf morgen – vor allem, wenn es um den Augenblick geht. Leider ist es so, dass die meisten Tipps gegen Prokrastination (»Aufschieberitis«) nicht oder nur sehr kurz funktionieren.

Bei den meisten Motivationsstrategien geht es nämlich darum, Einstellung zu bestimmten Tätigkeiten zu verändern. Die Grundidee ist, dass wir Dinge verschieben, weil wir keine Lust dazu haben. Es ist jedoch ein Irrtum, anzunehmen, dass wir unsere Ziele erreichen, wenn wir nur nach dem Lustprinzip darauf hinarbeiten. Diese Strategien versuchen daher, uns Lust darauf zu machen, bestimmte Dinge zu erledigen.

Motivation ist natürlich hilfreich, aber für die Meditationspraxis kann sie auch zum Hindernis werden. Denn Motivation sorgt dafür, dass wir dauerhaft »denken« und »Dinge tun«, also uns mit unseren Ängsten beschäftigen. Erinnern Sie sich an das Zitat von Blaise Pascal, das ich in der Einleitung erwähnt habe? »Das Unglück der Menschen rührt allein daher, dass sie nicht ruhig in einem Zimmer zu sein vermögen.« Irgendwo zu sitzen und den Geist zu beruhigen, ist zumindest anfangs eine große Herausforderung.

ABLENKUNG VERHINDERN – DER ZEIGARNIK-EFFEKT

Meiner Meinung nach hat William James den besten Tipp dafür, wie wir Prokrastination verhindern können. Er war davon überzeugt, dass es einfacher ist, sich durch Handeln eine neue Denkweise anzueignen, als durch Denken eine neue Handlungsweise. Dazu entwickelte er das »So tun, als ob«-Prinzip, das wir heute mit »Mach's einfach« bezeichnen würden.

Dieses Prinzip besagt Folgendes: Wenn Sie eine neue Eigenschaft entwickeln möchten, dann müssen Sie nur »so tun, als ob« Sie diese Eigenschaft bereits besäßen, um sie tatsächlich zu besitzen. Sie werden dann von anderen Menschen auf neue Weise wahrgenommen und behandelt, wodurch Sie sich wiederum anders fühlen. Mit anderen Worten: Warten Sie nicht, bis Sie Lust zum Meditieren haben, sondern machen Sie es einfach. Mit der Zeit werden Sie die Übung als so angenehm empfinden, dass die Motivation einfach da ist. Der Rat von James wird in der Psychologie als »Zeigarnik-Effekt« bezeichnet.

In den 1920er Jahren erkannte der russische Psychologie Bluma Zeigarnik, dass die meisten Menschen eine einmal begonnene Aufgabe nicht gern unvollendet lassen. In neueren Untersuchungen wurden die Teilnehmer gebeten, an einem komplizierten Puzzle zu arbeiten. Nach einigen Minuten wurden sie, bevor sie alle Teile zusammenfügen konnten, unterbrochen und gebeten, mit der Arbeit aufzuhören. Neunzig Prozent der unterbrochenen Teilnehmer setzten ihre Arbeit am Puzzle fort.

Der Zeigarnik-Effekt zeigt also: Der beste Weg, Prokrastination zu verhindern, besteht darin, einfach irgendwie anzufangen. Wenn man eine Aufgabe angefangen hat, möchte man sie auch beenden. Eine einfache Weisheit, die über viele Jahre tatsächlich in diversen Studien bestätigt wurde. Tun Sie also einfach so, als würden Sie immer meditieren.

Aber Achtung: Das Prinzip funktioniert nicht besonders gut, wenn Sie die Aufgabe als abschreckend empfinden. Nehmen Sie sich am Anfang daher bitte keine 30-minütigen Meditationssitzung envor, sondern beginnen Sie mit kurzen täglichen Übungen von 5 bis 6 Minuten.

DIE PRAXIS

✓ Praktiziere Achtsamkeit in deinen Alltagstätigkeiten wie Abwaschen, Duschen, Autofahren, Treppensteigen oder Kaffeetrinken.

✓ Lass deinen Geist einige Minuten zur Ruhe kommen und konzentriere dich ganz auf deine gegenwärtige Erfahrung. Nimm wahr, was du dabei empfindest, hörst, riechst und fühlst.

✓ Nimm dir bewusst vor, mehrmals am Tag achtsam zu sein. Lege dazu eine bestimmte Anzahl an kurzen Achtsamkeitsmomenten fest und praktiziere sie mehrmals am Tag nur eine Minute lang. Übe dann immer häufiger.

✓ Plane einige Minuten für eine formale Meditationsübung am Anfang oder am Ende des Tages ein. Meditiere am Anfang nicht länger als sechs Minuten.

✓ Und denke an den Zeigarnik-Effekt: Mach es einfach!

KAPITEL 19

SIEBEN TIPPS FÜR MEHR ACHTSAMKEIT

Das Lächerlichste vom Lächerlichen auf dieser Welt sind mir Leute, die es eilig haben, die nicht schnell genug essen und arbeiten können.

Søren Kierkegaard

Als Sie jung waren, wurde Ihnen wahrscheinlich ganz offen oder auch unterschwellig beigebracht, dass man nur etwas erreichen kann, wenn man »diszipliniert« ist. Ehrlich gesagt, war ich von der Disziplin nie so richtig überzeugt. Verstehen Sie mich bitte nicht falsch: Ich weiß, dass es viel Arbeit und Hingabe braucht, in einem Bereich wirklich gut zu werden. Aber sind wir erst einmal erwachsen, ist Disziplin meiner Meinung nach nicht der Schlüssel für grundlegende Veränderungen im Leben.

Disziplin ist ein gutes Sprungbrett, denn gemeinsam mit Willenskraft katapultiert sie uns zu Höchstleistungen. Aber echte Veränderungen erreichen wir nur mit den Dingen, die wir wirklich wollen. Ich bin davon überzeugt, dass wir die besten Leistungen nur erreichen, weil wir sie mit Überzeugung tun. Unsere Überzeugung ist also das Zugpferd.

GEWOHNHEITEN DES HERZENS

Dinge, die uns wichtig sind oder an denen wir Freude haben, erledigen wir mit Disziplin – es sei denn, wir spüren diese Disziplin gar nicht, weil die Tätigkeiten zu Gewohnheiten geworden sind. Nach einiger Zeit entwickeln wir für neue Gewohnheiten neurologische Verknüpfungen und die neuen Verhaltensweisen werden ins Gehirn eingebrannt wie ein Tattoo.

Regelmäßiges Üben wird also einfacher, wenn zwei Voraussetzungen erfüllt sind:

1. Sie leben Ihre eigenen Werte und 2. diese Werte drücken sich in dem Verhalten aus, das Sie solange üben, bis es zu einer Gewohnheit des Herzens geworden ist. Das gilt fast nirgendwo mehr als für Achtsamkeitsübungen. Im Laufe der Jahre bin ich auf verschiedene Übungen gestoßen, mit deren Hilfe ich achtsamer geworden bin. Ich versuche, sie jeden Tag zu praktizieren, und empfehle sie gern als Wegweiser für ein achtsameres Leben.

SIEBEN ÜBUNGEN FÜR EIN ACHTSAMES LEBEN

1. ALLEINSEIN

Das Leben der meisten von uns ist vollgepackt mit Lärm und Aktivitäten. Nach dem Aufwachen lesen wir unsere E-Mails, schauen beim Frühstück die Nachrichten und helfen den Kindern beim Anziehen, und beim Autofahren hören wir Radio. Auf der Arbeit hüpfen wir wie ein Flummi von einer Aktivität oder Besprechung zur nächsten und werden dank moderner IT dauerhaft von Informationen bombardiert, die unsere Aufmerksamkeit fordern.

Nehmen Sie sich jeden Tag einige Minuten Zeit, allein zu sein, damit Ihr Geist zur Ruhe kommen kann. Aus neurologischer Sicht ist zu beobachten, dass die elektrischen Impulse, die durch die Gehirnwellen ausgelöst werden, langsamer werden, wenn Sie zur Ruhe kommen. Der Geist wird in einen anderen Bewusstseinszustand versetzt, in dem Sie bessere Ideen entwickeln und intuitiver entscheiden, weil Sie mehrere Intelligenzbereiche nutzen können.

Finden Sie einen ruhigen Ort zu Hause oder in der Natur, an dem Ihr Geist einige Minuten »herunterkommen«. Üben Sie zum Beispiel die Achtsamkeitsübung der Körperreise, um dem »Grübelmodus« zu entfliehen und Körper und Geist zu entspannen.

2. MEDITATION

Regelmäßige Augenblicke des Alleinseins sind wichtig. Aber daneben sollten Sie sich auch jeden Tag Zeit für eine kurze Meditation nehmen. Die Art und Weise, wie Sie Ihren Tag beginnen, wirkt sich erheblich auf seinen Verlauf aus. Wie Sie bereits wissen, beginne ich meinen Tag mit einer Meditation, um meinen Geist zu stärken und ins Gleichgewicht zu bringen. Nur wenige Minuten Meditation am Anfang des Tages bereiten Ihren Kopf sehr gut für die Herausforderungen vor. Sie können klarer und gelassener denken – und zwar über den ganzen Tag.

3. BEWEGUNG

Bekanntermaßen sorgt regelmäßige körperliche Aktivität für eine bessere Gesundheit und verbessert die Laune und das emotionale Wohlbefinden. Für mich ist regelmäßige Bewegung der Schlüssel zu physischer und psychischer Energie sowie zu emotionalem Gleichgewicht. Treiben Sie regelmäßig Sport, auch wenn Sie keine Sportskanone sind und keinen Leistungssport betreiben. In zahlreichen Forschungsstudien zu den Auswirkungen von Sport auf das emotionale Wohlbefinden absolvierten die Teilnehmer Walking- oder Joggingprogramme, aber auch anaerobe Sportarten wie Krafttraining, Stretching und Yoga sind höchst wirksam.

Spaziergänge wirken sich nicht nur positiv auf den Körper und die Seele aus, sondern bieten auch eine wunderbare Gelegenheit für eine formale Meditationsübung. So können Sie sich zum Beispiel beim Gehen ganz bewusst auf jeden einzelnen Schritt konzentrieren. Und auch Achtsamkeit lässt sich beim Gehen sehr gut üben, indem Sie einfach bewusst gehen. Nach einer Weile können Sie Ihre Umgebung bewusst wahrnehmen und Ihre Aufmerksamkeit auf alles richten, was Sie sehen, hören und riechen. Die englischsprachige MP3-Datei *Walking Meditation*, die Sie von der Website herunterladen können, enthält eine geführte Meditation zum Gehen. Eine deutschsprachige Anleitung für eine Gehmeditation finden Sie zum Beispiel auf YouTube unter https://www.youtube.com/watch?v=xPyDzQJ5QXE.

4. NATUR ERLEBEN

Wenn Sie gern Spazierengehen oder Joggen, dann tun Sie dies wahrscheinlich meist in einem Park, am Strand oder an einem anderen Ort in der Natur. Wir Menschen sind ein Teil der Natur und können nur dann richtiges körperliches und emotionales Wohlbefinden erreichen, wenn wir Kontakt zur Natur aufnehmen. Wenn Sie sich in einer stressigen Woche einfach einmal in einen Park setzen oder im Park spazieren gehen und die Umgebung betrachten, wird Ihr Geist ruhiger und Sie empfinden größeren inneren Frieden. Sie fühlen sich »geerdet« und Ihre Prioritäten werden klarer. Außerdem ist die Wahrnehmung der Natur ein Eckpfeiler der Achtsamkeit und unterstützt das kreative Denken.

5. FREUNDLICHKEIT UND MITGEFÜHL

Der Schriftsteller und Philosoph Aldous Huxley fasste am Ende seines Lebens eine seiner wichtigsten Erkenntnisse so zusammen: »Lasst uns freundlicher zueinander sein.« Wie Sie in diesem Buch erfahren haben, führen regelmäßige Achtsamkeitsübungen dazu, dass Sie Ihre Erfahrungen wertfreier, offener und neugieriger betrachten. Damit entwickeln sie mehr Mitgefühl und Verständnis für andere Menschen und für sich selbst.

Der Psychologe Dacher Keltner ist davon überzeugt, dass wir »geboren werden, um gut zu sein« und dass gelebte Freundlichkeit gegenüber anderen in unserer DNA verankert ist. Doch im Allgemeinen schenken wir diese Freundlichkeit nur den Menschen, die uns wichtig sind. Mithilfe von Achtsamkeit lernen Sie, diesen Kreis ganz automatisch zu erweitern. Und wenn Sie das Leben anderer Menschen mit Ihrem Großmut und Ihrer Freundlichkeit besser machen, führen auch Sie selbst ein bedeutsameres und reicheres Leben.

6. GESUNDE ERNÄHRUNG

Ich hatte das große Glück, in einem Umgebung aufzuwachsen, in der es nie an Essen mangelte. Meine Eltern haben hart gearbeitet, damit wir nie Hunger leiden mussten – dafür bin ich ihnen sehr dankbar. Heute wissen wir sehr viel darüber, wie wichtig die Ernährung für unsere Gesundheit und unser Wohlbefinden ist. Eine schlechte Ernährung wirkt sich nicht nur schädlich auf den Körper, sondern auch auf unsere mentale Gesundheit aus: Die Laune wird schlecht und der Kopf kann nicht mehr klar denken.

Der australische Trainer und Ernährungsberater James Druigan erfand den Begriff »Clean and Lean«[36] und bezieht sich dabei auf die Philosophie, dass eine gute Ernährung darin besteht, nur das zu essen, was gut für den Körper und den Geist ist. In puncto Ernährung folgt James einem einfachen Motto: »Sei freundlich zu dir selbst.« Er mahnt, auf veredelte, verarbeitete und industriell hergestellte Lebensmittel zu verzichten. Stattdessen sollten Sie nur unverarbeitete Lebensmittel und Vollwertkost zu sich nehmen und natürliche Zutaten verwenden, die frei von Pestiziden, Giften und raffiniertem Zucker sind. Damit lassen sich seiner Meinung nach die negativen Auswirkungen des modernen Lebens deutlich reduzieren.

Neuere Studien legen nahe, dass eine Ernährung mit mehr Omega-3-Fettsäuren, die etwa in Fisch vorkommen, und mehr Vitamin D das emotionale Befinden deutlich verbessern kann. Ich habe meinen eigenen Speiseplan darauf umgestellt und festgestellt, das sich meine Stimmung im Alltag enorm verbessert hat.

Der erste Schritt ist dabei natürlich auch, achtsam zu essen. Achten Sie darauf, was Sie essen, indem Sie langsamer und bewusster essen. So öffnen Sie Ihre Sinne und entwickeln größere Wertschätzung für die lebhaften und intensiven Geschmackserfahrungen.

7. DANKBARKEIT

Beim Studium der Achtsamkeitslehre werde ich immer wieder daran erinnert, dankbar für die außergewöhnlichen Gelegenheiten zu sein, die mir das Leben bietet. Das ist nicht immer einfach, vor allem wenn man mit Rückschlägen und Enttäuschungen zurechtkommen muss. Unter solchen Umständen verliert man leicht den Blick für das Gute und vergisst, dankbar zu sein. Dies gilt vor allem, wenn Sie Ihr Leben mit dem Leben anderer vergleichen, die vermeintlich wohlhabender, gebildeter oder einfach glücklicher sind.

Shantideva, ein buddhistischer Mönch des 8. Jahrhunderts, hat ein Gegengift gegen Neid und Missgunst: Er weist darauf hin, dass wir sowohl »Muße als auch Gaben« haben. Damit meint er, dass wir alle mit einer Mischung aus Freiheit, Zeit, Intelligenz und Bildung ausgestattet sind – global gesehen seltene Geschenke. Allein aufgrund der Tatsache, dass Sie bestimmte »Gaben« haben –, wie zum Beispiel die finanziellen Möglichkeiten, um dieses Buch zu kaufen, die nötige Intelligenz und Bildung, um die darin aufgeführten Ideen zu verstehen, und die Freude, es zu lesen –, gehören Sie zu einer kleinen Gruppe höchst privilegierter Menschen auf der Welt. Wenn Sie dieses Geschenk jeden Tag achtsam wahrnehmen und nutzen, haben Sie die »perfekte Gelegenheit«, ein außergewöhnliches Leben zu führen.

Glück wird schnell so selbstverständlich, dass wir vergessen, für die kleinen Dinge im Leben dankbar zu sein. Echte Dankbarkeit stärkt aber auch Ihre Achtsamkeit, weil Sie sich damit bewusst auf den jetzigen Augenblick konzentrieren. Sie entwickeln eine größere Wertschätzung dafür, wie Sie heute leben und was dazu beitragen hat.

Fragen Sie daher bewusst, wofür Sie dankbar sein können. Diese Methode wird in der Psychologie als »Appreciative Enquiry« (wertschätzende Befragung) bezeichnet und konzentriert sich vollständig auf den Augenblick. So lernen Sie, zu staunen, dankbar, neugierig und offen zu sein und das Leben wertzuschätzen. Üben Sie dies regelmäßig!

KAPITEL 20

FAZIT – DER GEIST DES ANFÄNGERS

Eine echte Entdeckungsreise heißt nicht, neue Landschaften zu finden, sondern einen neuen Blick zu entwickeln.
Marcel Proust zugeschrieben, 1871-1922

Es gibt zwei Arten, sein Leben zu leben: entweder so, als wäre nichts ein Wunder, oder so, als wäre alles ein Wunder.
Albert Einstein

Am Anfang dieses Buches habe ich Ihnen von der überraschenden Beobachtung von William James erzählt. Er erkannte, dass die Fähigkeit, uns vollständig zu konzentrieren und unsere Gedanken auf den Augenblick zu fokussieren, der Grundpfeiler dafür ist, dass wir unser Leben kontrollieren und unser volles Potenzial ausschöpfen. Auch mehr als ein Jahrhundert später hat diese einfache Beobachtung noch tiefe Auswirkungen auf das Leben von Millionen von Menschen, die Achtsamkeit für sich entdeckt haben.

Obwohl James nichts über Achtsamkeit wusste, verstand er, dass eine veränderte Geisteshaltung revolutionäre Auswirkungen haben kann. Er stellte fest: »Die größte Erfindung meiner Generation ist die, dass Menschen ihr Leben verändern können, indem sie ihre

Einstellung verändern. Wenn du deine Einstellung änderst, kannst du dein Leben ändern.« Und das ist das Versprechen von Achtsamkeit: Sie entwickeln eine neue Einstellung.

Damit Sie dieses Versprechen einlösen können, möchte ich Ihnen zum Abschluss eine Geisteshaltung vorstellen, die mir persönlich die Annäherung an die Achtsamkeitslehre sehr erleichtert hat.

DER GEIST DES ANFÄNGERS

Das Lernen neuer Fertigkeiten kostet immer Zeit und Geduld – das gilt auch für die Achtsamkeit. In diesem Buch habe ich Achtsamkeit als eine Reihe psychologischer Fertigkeiten beschrieben, die Sie durch Übung erwerben können. Doch das ist nur der Anfang. Der eigentliche Wert der Achtsamkeit ist, dass Sie Ihr Bewusstsein erweitern und neue Chancen erkennen. Daher möchte ich Ihnen diesen Rat geben: Nähern Sie sich der Achtsamkeit mit dem Geist eines Anfängers.

Der Begriff des *Shosin* (»Geist eines Anfängers«) wurde von Shun-ryu Suzuki Roshi begründet, der die Zen-Meditation in den 1960er Jahren von Japan nach Amerika importierte. Er sagt: »Im Geist des Anfängers gibt es zahlreiche Möglichkeiten, im Geist des Experten nur wenige.«[37] Es liegt doch auf der Hand: Je mehr wir lernen, umso mehr stellen wir fest, wie wenig wir wissen.

Als Psychologe stelle ich mir den »Geist des Anfängers« wie die Haltung eines Kindes vor: voller Neugier, Staunen und Verwunderung. Der »Geist des Anfänger« bedeutet somit, dass wir mehr vom Geist eines Kindes annehmen müssen, wenn wir ein achtsames und authentisches Leben führen wollen.

NEUGIER UND STAUNEN

Kinder werden mit einer natürlichen Neugier und natürlichem Staunen geboren. Alles, was sie neu entdecken, hat noch keinen Namen und auch keine Verbindung zur Vergangenheit oder Zukunft. Und damit nähern sie sich ihren Erfahrung auch vollkommen wertfrei und unvoreingenommen. Ihr Blick ist unverstellt und unschuldig; die einzige Frage, die sie stellen, lautet: »Was ist das?« oder »Was bedeutet das?«

UNMITTELBARKEIT UND DER JETZIGE AUGENBLICK

Natürlich möchte ich damit nicht sagen, dass wir durch Achtsamkeit wieder in den unschuldigen Zustand eines kindlichen Geistes zurückkehren sollen. Das wäre sehr gefährlich. Mit der Unschuld eines Kindes meine ich seine Fähigkeit, unmittelbar und spontan in der Gegenwart, im Jetzt zu leben.

Außerdem erleben Kinder ihre Erfahrungen fast ohne Erwartungen. Damit werden sie überrascht und freuen sich über das Neue und Schöne in jedem Moment.

OFFENHEIT UND NEUGIER

Der renommierte Kinderpsychologe Jean Piaget wusste, dass Kinder die Welt nicht als Gesetzmäßigkeit ansehen, sondern als Raum, in dem alles möglich ist. Die einzige Grenze ist ihre Fantasie, weshalb ihnen auch nicht langweilig wird, wenn sie Dinge tun, die ihnen vertraut sind. Dank dieser Offenheit und Neugier sowie der Unvorhersehbarkeit haben Kinder immer und immer Freude am gleichen Spiel oder einem Lied.

AUSPROBIEREN UND STAUNEN

Außerdem entwickelt sich die Welt von Kindern nicht, weil sie darüber nachdenken, sondern weil sie aktiv sind und die Welt erfahren und erleben. Neue Situationen, die eine Herausforderung darstellen, meistern sie durch ihr Tun. Der Psychologie und Philosoph Sam Keen glaubt nicht, dass ein Kind die Fähigkeit zu staunen verliert, sobald es Vernunft und Denkfähigkeit entwickelt. Für ihn beflügelt die neu erworbene Fähigkeit zum Nachdenken lediglich das Bedürfnis, neue Dinge zu entdecken.[38]

Achtsamkeit heißt nicht, dass Sie aufhören sollen zu denken. Sie sollen sich lediglich fragen, ob Sie keinen anderen Weg finden, um das Potenzial Ihres Geistes zu nutzen. Vielleicht wird diese Annahme durch eine historische Anekdote deutlicher.[39]

Wahrscheinlich kennen Sie die Geschichte von Archimedes und seinem Bad. Aber vielleicht wissen Sie nicht, dass Archimedes Mathematiker, Physiker, Ingenieur und Erfinder war. Einige Historiker bezeichnen ihn sogar als den besten Mathematiker aller Zeiten; eine Niete war er also auf keinen Fall. Die Geschichte geht so: König Hieron II. stellte einem Goldschmied pures Gold zur Verfügung, aus dem dieser ihm eine Krone schmieden sollte. Doch leider misstraute der König dem Goldschmied und fragte Archimedes, ob der möglicherweise unehrliche Goldschmied einen Teil des Goldes wohl durch Silber ersetzt haben könnte. Natürlich musste Archimedes diese Frage beantworten, ohne die Krone zu zerstören – keine leichte Aufgabe!

Er versuchte dies und das, fand aber keine Lösung für dieses hartnäckige Problem. Schließlich hörte er auf, darüber nachzudenken, und nahm ein Bad. Er hatte schon oftmals gebadet, aber als er sich dieses Mal in seine Wanne setzte, stellte er fest, dass der Wasserspiegel anstieg. Sofort wurde im klar, dass die untergetauchte Krone eine Menge an Wasser verdrängen würde, die ihrem eigenen Gewicht entsprach. Archimedes war so aufgeregt, dass er nackt auf die Straße lief und rief: »Eureka!«, also »Ich hab's gefunden!«.

Ein wunderbares Beispiel dafür, was mit dem Geist und unserem Denken geschieht, wenn wir uns ein wenig Zeit für Achtsamkeit nehmen. Sobald wir uns mehr auf den Augenblick und unsere aktuelle Erfahrung konzentrieren, den »Grübelmodus« ausschalten und Bekanntes bewusst und neugierig wahrnehmen, schaffen wir die Voraussetzungen, in denen der Geist kreativ und erfinderisch werden kann.

Der amerikanische Schriftsteller Henry David Thoreau fasste dieses Phänomen so zusammen: »Was hinter uns liegt und was vor uns liegt, ist bei weitem nicht so wichtig, wie das, was in uns liegt. Wenn wir das nach Außen bringen, geschieht ein Wunder.« Ich bin davon überzeugt, dass Achtsamkeit ein wirksames Instrument ist, um das Potenzial, das in Ihnen ruht, ans Tageslicht zu bringen. Ich hoffe inständig, dass Sie in dieser kurzen Einführung einen wertvollen Leitfaden finden, mit dem Sie Achtsamkeit üben können, damit Sie ein gelasseneres, produktiveres und kreativeres Leben führen können.

LITERATUR UND ANMERKUNGEN

1   William James, *The Principles of Psychology* (New York: Dover Publications, 1890/1958).

2   Einige moderne Ansätze zur Psychotherapie, wie die Akzeptanz- und Commitmenttherapie (ACT), haben diese Erkenntnisse aufgegriffen und setzen Achtsamkeit als psychologische Behandlungsmethode ein. Siehe Russ Harris, *The Happiness Trap: Stop Struggling and Start Living*. Wollombi, NSW, Australia: Exisle Publishing , 2006. (Russ Harris, *Wer dem Glück hinterherrennt, läuft daran vorbei: Ein Umdenkbuch*, Goldmann Verlag, 2013)

3   Jon Kabat-Zinn, *Wherever You Go, There You Are: Mindfulness Meditation for Everyday Life*, New York, Hyperion, 1994.

4   B. Alan Wallace, Minding *Closely: The Four Applications of Mindfulness*, New York: Snow Lion Publications, 2011.

5   Goldin, P. & Gross, J., »Effects of Mindfulness-Based Stress Reduction (MBSR) on Emotion Regulation in Social Anxiety Disorder«, *Emotion*, 10, 1. (2010): 83-91.

6   Davidson R. J., Kabat-Zinn J., Schumacher J., Rosenkranz M., Muller D., Santorelli S. F., Urbanowski F., Harrington A., Bonus K., Sheridan J. F. »Alterations in Brain and Immune Function Produced by Mindfulness Meditation«, *Psychosomatic Medicine*, Jul-Aug; 65(4) (2003): 564–70.

7   Chiesa A., Serretti A. »Mindfulness-Based Stress Reduction for Stress Management in Healthy People: A Review and Meta-Analysis«. *The Journal of Alternative and Complementary Medicine*, 15 (5) (2009): 593–600.

8   Hofmann, S. G., Sawyer, A. T., Witt, A. A., & Oh, D. »The Effect of Mindfulness- Based Therapy on Anxiety and Depression: A Meta-Analytic Review«, *Journal of Consulting and Clinical Psychology*, 78, 2 (2010): 169–183.

9   Khoury B., Lecomte T., Fortin G., Masse M., Therien P., Bouchard V., et al. »Mindfulness-Based Therapy: A Comprehensive Meta-Analysis«, *Clinical Psychology Review*; 33 (2013): 763–771.

10 Keng S. L., Smoski M. J., Robins C. J., »Effects of Mindfulness on Psychological Health: A Review of Empirical Studies«, *Clinical Psychology Review*, 31(6) (2011): 1041–1056.

11 Jha A. P., Stanley E. A., Kiyonaga A., Wong L., Gelfand L., »Examining the Protective Effects of Mindfulness Training on Working Memory and Affective Experience,« *Emotion*, 10(1) (2010): 54–64.

Zeidan F., Johnson S. K., Diamond B. J., David Z., Goolkasian P., »Mindfulness Meditation Improves Cognition: Evidence of Brief Mental Training«, *Consciousness and Cognition*, 19(2) (2010): 597–605.

Mrazek M. D., Franklin M. S., Phillips D. T., Baird B., Schoole J. W., »Mindfulness Training Improves Working Memory Capacity and GRE Performance While Reducing Mind Wandering«, *Psychological Science*, 24(5) (2013): 776–781.

12 Levy, D., Wobbrock, J., Kaszniak, A. & Ostergren, M. »The Effects of Mindfulness Meditation Training on Multitasking in a High-Stress Information Environment«, *Proceedings of Graphics Interface*, (2012): 45–52.

13 Zeidan F., Johnson S. K., Diamond B. J., David Z., Goolkasian P., »Mindfulness Meditation Improves Cognition: Evidence of Brief Mental Training«, *Consciousness and Cognition*, 19(2) (2010): 597–605.

Mrazek M. D., Franklin M. S., Phillips D. T., Baird B., Schoole J. W., »Mindfulness Training Improves Working Memory Capacity and GRE Performance While Reducing Mind Wandering«, *Psychological Science*, 24(5) (2013): 76–781.

14 B. Alan Wallace, *Minding Closely: The Four Applications of Mindfulness*, New York: Snow Lion Publications, 2011.

15 Steven C. Hayes with Spencer Smith, *Get Out of Your Mind and Into Your Life: The New Acceptance and Commitment Therapy*, New York: MJF Books, 2005.

16 B. Alan Wallace, Minding Closely: *The Four Applications of Mindfulness*, New York: Snow Lion Publications, 2011.

17 Martyn Newman, Emotional Capitalists: *The Ultimate Guide for Building Emotional Intelligence for Leaders*, London: RocheMartin. 2014. (Erstveröffentlichung bei John Wiley & Sons).

18 Michel de Montaigne, *The Complete Essays* (Ed. & Trans., M. A. Screech), London: Penguin. 1991/1588.

19 Rick Hanson and Richard Mendius, *Buddha's Brain: The Practical Neuroscience of Happiness, Love & Wisdom*, Oakland: New Harbinger. (2009)

20 Peter Salovey and John D. Mayer, »Emotional Intelligence«, *Imagination, Cognition, and Personality 9*, Nr. 3 (1990): 185–211.

21 Newman, M., Purse, J., Smith, K., & Broderick, J. »Assessing Emotional Intelligence in Leaders and Organizations: Reliability and Validity of the Emotional Capital Report (ECR)«, *The Australasian Journal of Organisational Psychology*, Volume 8, Januar 2015.

22 D. Goleman, *Focus: The Hidden Driver of Excellence*, (New York: HarperCollins), 2013, S. 62. (Daniel Goleman, *Konzentriert Euch!: Eine Anleitung zum modernen Leben*, Piper Taschenbuch, 2015).

23 D. Goleman, *Focus: The Hidden Driver of Excellence*, (New York: HarperCollins), 2013, S. 78. (Daniel Goleman, *Konzentriert Euch!: Eine Anleitung zum modernen Leben*, Piper Taschenbuch, 2015).

24 Marcus Aurelius, *Meditations* (Trans. Martin Hammond), London: Penguin, 2006.

25 Ed Diener and Rober Biswas-Diener, *Happiness: Unlicking the Mysteries of Psychological Wealth* (Malden, M. A.: Blackwell: 2008), S. 10.

26 Martin Seligman, *Authentic Happiness* (New York: Free Press, 2002).

27 Lyubomirsky, S., King, L., & Diener, E., »The Benefits of Frequent Positive Affects: Does Happiness Lead to Success?«, *Psychological Bulletin* Vol. 131, No. 6, 803–855. 2005. Jonathan Haight, *The Happiness Hypthesis: Putting Ancient Wisdom and Philosophy to the Test of Modern Science* (London: Arrow Books, 2006).

28 Sonia Lyubomirsky, »The How of Happiness: A Practical Guide to Getting the Life You Want«, *Sphere*, S. 139. (Sonia Lyubomirsky, *Glücklich sein. Warum Sie es in der Hand haben, zufrieden zu leben*. Campus Verlag, 218).

29 Robert Colvile, *The Great Acceleration: How the World is Getting Faster, Faster* (London: Bloomsbury, 2016).

30 Derek Dean und Caroline Webb halten in ihrem Bericht »McKinsey & Company« fest, dass Multitasking »Menschen weniger produktiv, weniger kreativ und weniger entscheidungsfähig macht«, *McKinsey Quarterly*, Januar, 2012.

31 Dan Goleman, *Focus: The Hidden Driver of Excellence*, (New York: HarperCollins, 2013), S. 202. (Daniel Goleman, *Konzentriert Euch!: Eine Anleitung zum modernen Leben*, Piper Taschenbuch, 2015).

32 M. Scott Peck, *The Road Less Travelled*, London: Arrow Books. 1990.

33 Dieser Ansatz wird auch in zahlreichen modernen Modellen für der Kognitions- und Verhaltenspsychologie vertreten, wie zum Beispiel in der Akzeptanz- und Commitmenttherapie (ACT).

34 Oliver Burkeman, *The Antidote: Happiness for People Who Can't Stand Positive Thinking* (Edinburgh: Canongate, 2012), S. 56.

35 Yongey Mingyur Rinpoche, *The Joy of Living: Unlocking the Secret & Science of Happiness*. (New York: Three Rivers, 2007), S. 188.

36 James Duigan, *Clean and Lean for Life: The Cook Book*, London: Kyle Books. 2015.

37 Shunryu Suzuki-Roshi, *Zen Mind, Beginner's Mind* (Ed. Trudy Dixon) Boston: Shambala, 2005.

38 Der amerikanische Philosoph Sam Keen diskutiert diese Themen ausführlich aus philosophischer und psychologischer Sicht in seinem Buch *Apology for Wonder* (New York: HarperCollins), 1980.

39 Richard Gilprin, *Mindfulness for Black Dogs & Blue Days: Finding a Path Through Depression*. Lewes, UK: Leaping Hare Press, 2012.

AUDIO-DATEIEN

Verfügbar unter *www.themindfulnessbook.co.uk*

1. Introduction to the Mindfulness Audio Series MP3/MP4
2. The Chocolate Meditation MP3
3. One-Minute Meditation MP3
4. Mindfulness of Breathing Meditation – Short Practice MP3
5. Mindfulness of Breathing Meditation – Extended Practice MP3
6. Nine-Cycle Breathing Meditation MP3
7. The Body Scan Meditation MP3
8. Mindfulness of Thoughts and Feelings Meditation MP3
9. The Relaxing Mindful Breath Technique MP3
10. Three-Minute Breathing Space Meditation MP3
11. Mindfulness of Difficult Emotions Meditation MP3
12. Walking Meditation MP3

Vom Midas-Verlag aufgeführte Beispiele für deutschsprachige Video- und Audio-Dateien

Schokoladenmeditation
https://www.youtube.com/watch?v=iiKxEePyF1Y

Eine Minute nur für dich
https://www.youtube.com/watch?v=aW9uspDtU2w

Meditation Achtsames Atmen
https://www.youtube.com/watch?v=Xa3GBOjfT3l

Atemmeditation
https://www.youtube.com/watch?v=sle9HY5Ie8E

Meditation in neun Atemzügen
https://www.ewigeweisheit.de/meditation-neun-atemz%C3%BCge-tibetisches-tantra

Körperreise-Meditation
https://www.youtube.com/watch?v=RLCg4mkhlAg

Meditation gegen negative Gefühle
https://www.youtube.com/watch?v=G6je6L5uEzA

Geführte Atemmeditation
https://insighttimer.com/de/gefuehrte-meditation/gefuhrte-atemmeditation-entspannung-fur-deinen-korper

3-Minuten-Atempause-Meditation
https://www.youtube.com/watch?v=3EDthLnbOTM

Einminütige Meditation
https://www.youtube.com/watch?v=aW9uspDtU2w

Meditation gegen das Grübeln
https://www.youtube.com/watch?v=cdsQNo-zKbs

Geh-Meditation
https://www.youtube.com/watch?v=xPyDzQJ5QXE

ÜBER DEN AUTOR

Martyn Newman, PhD, DPsych, ist klinischer Psychologe mit internationalem Ruf in den Bereichen emotionale Intelligenz und Achtsamkeit.

Martyn ist Achtsamkeitstrainer und hat das Programm »Cultivating Emotional Balance Teacher Training« absolviert, das vom Dalai Lama unterstützt und von Dr. Paul Ekman und Dr. B. Alan Wallace gelehrt wird. Er besitzt umfangreiche Erfahrungen mit Programmen zur Entwicklung von Führungsqualitäten und Achtsamkeit für Führungskräfte in Unternehmen wie zum Beispiel Sky, ExxonMobil, Boeing und SingTel.

Martyn ist Autor des Buches *Emotional Capitalists – The Ultimate Guide to Developing Emotional Intelligence for Leaders* und Co-Autor des *Emotional Capital Report™* – eines globalen Benchmark-Berichts zur Messung von emotionaler Intelligenz und der Leistung von Führungskräften.

Er war Dozent an der University of East London sowie an der ACU National. Derzeit ist er Gastdozent für Mitarbeiterführung und Emotionale Intelligenz an der Sheffield Business School der Sheffield Hallam University und Dozent für Achtsamkeit im MBA-Programm der Sydney University.

Martyn hat seinen PhD an der University of Sydney und seinen Master an der GTU der University of California, Berkeley erworben; er besitzt einen Master in Psychologie der Monash University Melbourne und ist Doktor der Psychologie an der La Trobe University, Melbourne.

Folgen Sie Martyn auf **twitter.com/MartynNewman**.

Kontaktieren Sie Martyn, wenn Sie Empfehlungen, Schulungen oder Gespräche benötigen: **www.martynnewman.com**